Frank Krüger & Martina Rohfleisch

Brain Jogging

Fünf-Minuten-Übungen für dauerhafte mentale Fitneß

Junfermann Verlag • Paderborn
1998

Covergestaltung: Petra Friedrich
Coverfoto: Peter Samuels, Tony Stone Bilderwelten

Satz: DTP creative Bonn
Druck: PDC – Paderborner Druck Centrum

Die Deutsche Bibliothek – CIP-Einheitsaufnahme
Krüger, Frank:
Brain Jogging: Fünf-Minuten-Übungen für dauerhafte mentale Fitneß / Frank Krüger; Martina Rohfleisch. – Paderborn: Junfermann, 1998
ISBN 3-87387-367-2

ISBN 3-87387-367-2

Vorwort

Die überraschende Meldung kam - wie so viele aus dem Bereich der Gehirnforschung - aus dem Krankenhaus. Eine repräsentative Anzahl von Patienten unterzog sich einem Intelligenztest, und zwar zum Beginn und zum Ende ihres Aufenthalts. Das bestürzende Ergebnis: Bereits nach drei Wochen Krankenhaus war der Intelligenzquotient der Patienten drastisch niedriger als kurz nach der Einlieferung. Schon wenige Wochen „geistiger Nichtauslastung" in einer eintönigen (und zumeist unangenehmen) Umgebung verringern also enorm die Leistungsfähigkeit des Gehirns.

Der positive Aspekt dieser Nachricht: Wenn unser Intellekt in so kurzer Zeit der Unterforderung bereits verkümmern kann, müßte er doch auch bei optimaler Pflege gedeihen und reiche Früchte tragen! Und in der Tat fanden Wissenschaftler heraus, daß ein gezieltes Gehirn-Training die geistige Leistungsfähigkeit nicht nur erhält, sondern sogar steigert.

Doch wie es bei uns „modernen" Menschen nun einmal ist - der Alltag fordert und belastet uns oft nur einseitig. Ob in der Schule oder in der Fabrik, im Haushalt oder im Büro: Wir müssen immer wieder gleichstrukturierte Probleme lösen, was uns zwar anstrengt und manchmal auch überfordert, aber noch lange nicht fit macht.

Ein Bauarbeiter ist nach Feierabend in der Regel körperlich erschöpft - trotzdem kann er sich nicht unbedingt einer körperlichen Bestverfassung erfreuen; seine Arbeit trainiert weder alle Muskelpartien noch Ausdauer und Kraft gleichermaßen. Ebenso geht es dem Programmierer - etliche Stunden geistiger Tätigkeit ermüden auch ihn; ob er dabei sein gesamtes Gehirnpotential ausschöpft, bleibt fraglich.

Auch er braucht einen Ausgleich für die einseitige Belastung - zum Beispiel in Form dieses Buches BRAIN JOGGING.

BRAIN JOGGING - das intelligente Trainingsprogramm für die geistige Fitneß

BRAIN JOGGING bietet Ihnen die Möglichkeit, die entscheidenden Intelligenzbereiche zu trainieren und so Ihre umfassende Leistungsfähigkeit zu bewahren und auszubauen. Geistige Fitneß umfaßt:

- Flexibilität,
- Konzentration,
- logisches Denken,
- Gedächtniskraft,
- Wahrnehmungsfähigkeit,
- Entspannung,
- Kreativität.

Das Buch stellt ein effektives, ganzheitliches Trainingsprogramm dar, das aus 119 abwechslungsreichen und unterhaltsamen Fünf-Minuten-Übungen zu den sieben Bereichen besteht. Innerhalb der Themenbereiche weisen die Übungen einen steigenden Schwierigkeitsgrad auf, so daß sich ein Überblick über die persönlichen Fortschritte ergibt. Es erwarten Sie kurzweilige Rätsel, geistreiche Spielereien, verblüffende Tricks und nützliche Tips.

Den ersten Teil des Buches bilden die Übungen; im zweiten Teil finden Sie - anhand der Nummer der Übung - die Lösungen. Jede Übung ist mit einem Quick Finder zum Bereich versehen, der trainiert wird. Der zweite Teil des Buches präsentiert nicht nur Lösungen, sondern erläutert auch verwendete Trainingstechniken.

BRAIN JOGGING erlaubt einen individuell abgestimmten Trainingsplan: Es bleibt Ihnen überlassen, mit welchem Bereich Sie beginnen. Viele der Übungen können und sollen - mit zeitlichem Abstand - wiederholt werden, um im Training zu bleiben und die eigenen Fortschritte zu prüfen. Das Buch ist also wiederverwendbar.

Die Übungen stellen keinen Leistungssport dar, sondern sollen der Auflockerung und zum Aufwärmen dienen, Spaß machen und positiv einstimmen. Üben Sie deshalb morgens, dann sind Sie fit für die Anforderungen des Tages!

Viel Freude und Erfolg mit BRAIN JOGGING wünschen Ihnen

Frank Krüger und Martina Rohfleisch

Ihre Kreativität

1

Wissen Sie eigentlich, wieviel Kreativität in Ihnen steckt? Probieren Sie's aus, und zeichnen Sie in den nächsten fünf Minuten die achtzehn leeren Quadrate möglichst unterschiedlich aus. Einzige Spielregel: die Quadrate bilden die Begrenzung der Zeichnungen und sind gleichzeitig ein Bestandteil; Beispiel: ein quadratisches Fenster. Also, zeichnen Sie drauflos - zur Not notieren Sie, was Ihr Bild darstellt. Die Zeit läuft ab jetzt!

Nach fünf Minuten brechen Sie ab und schreiten zur Auswertung (siehe *Lösungen*).

2 Sätze bilden

KREATIVITÄT

Heute können Sie Ihre Schlagfertigkeit und Phantasie unter Beweis stellen. Bauen Sie die vorgegebenen Wörter in mindestens drei Sätzen ein, die inhaltlich und formal möglichst unterschiedlich sind. Natürlich dürfen Sie die Wörter in beliebiger Reihenfolge verwenden.

1. Feuer - Fenster - Himmel

____

____

____

____

____

2. Stuhl - Nagel - Telefon

____

____

____

____

____

3. Vergangenheit - Berge - Menschen

____

____

____

____

____

Die Uhr der Eigenschaften 3

KREATIVITÄT

Ein schnelles Spiel für beliebig viele Teilnehmer. Wie spät ist es? Die Stellung der Zeiger bestimmt zwei Eigenschaften auf dem „Zifferblatt“. Finden Sie rasch zehn Dinge, die diese Eigenschaften aufweisen. Beispiel: Es ist drei Uhr - Sie erhalten „weiß“ und „eßbar“. Also nennen Sie: Blumenkohl, Sahne, Nudeln, ...

Variieren Sie das Spiel, indem Sie den Sekundenzeiger hinzuziehen (dritte Eigenschaft), die Uhrzeit würfeln oder neue Eigenschaften hinzuerfinden.

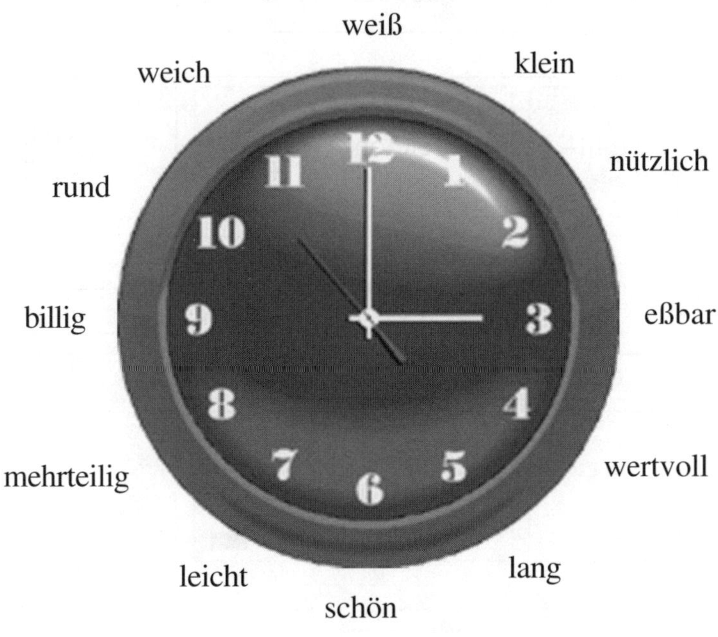

4 Der erste Schritt ...

ist schon getan. Vervollständigen Sie jede Figur zu einem anderen Bild und geben Sie jeder Zeichnung einen originellen Titel.

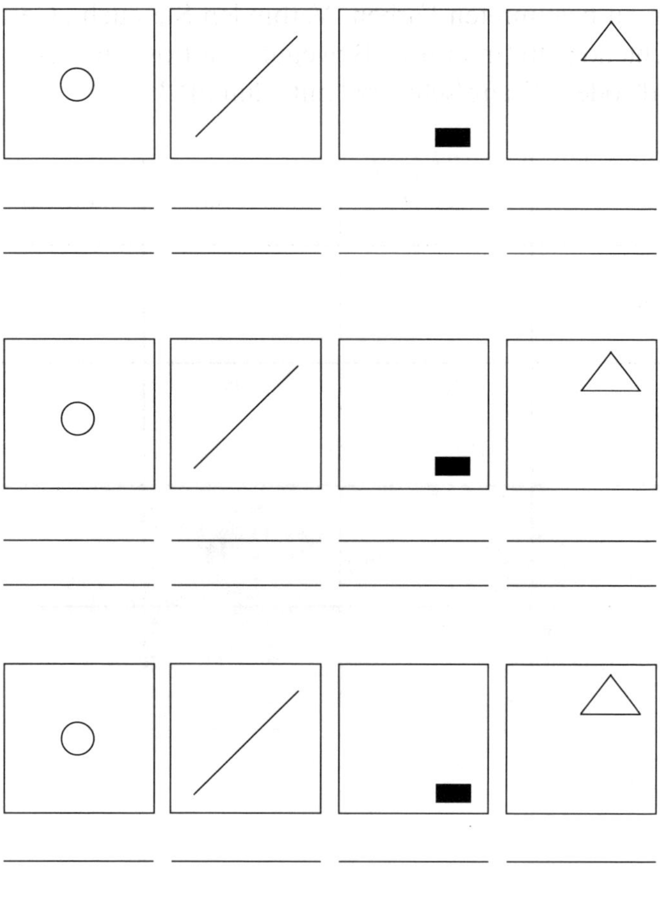

KREATIVITÄT

Der Charakter von Farben

5

Musikstücke rufen bei manchen Menschen ganz konkrete Bilder hervor, bei anderen setzen sie bestimmte Emotionen frei. Wie steht es mit den Farben?

Gehen Sie wieder in sich und erforschen Sie Ihre Einstellung zu bestimmten Farben. Verbinden Sie auch „Gefühl/ leuchtend gelb" mit Lust, „Bewegung/zartrosa" mit „schwebend" oder „Klang/schwarz" mit „dumpf"?

	leuchtend gelb	*zartrosa*	*schwarz*
Klang			
Geruch			
Form			
Bewegung			
Charakter			
Gefühl			

6 Die Makel-Liste

KREATIVITÄT

Nutzen Sie Ihre Kreativität heute für Ihren Alltag. Sie müssen ja nicht täglich etwas Neues schöpfen - bereits Vorhandenes will stetig verbessert werden. Schauen Sie sich also in Ihrer Wohnung um und greifen Sie sich einen Bereich heraus, z.B. - um mit etwas ganz Banalem zu beginnen - die Aufbewahrung Ihrer Kleidung.

Überprüfen Sie sämtliche Schränke, Wäschetruhen oder wo auch immer Ihre frische und Ihre getragene Wäsche lagert, auf Zweckmäßigkeit und Ästhetik. Gibt es irgend etwas, was Sie stört? Schreiben Sie alles auf, was Ihnen an kleinen oder großen Makeln einfällt, z.B.: *die rechte Kleiderschranktür klemmt; ich muß lange suchen, bis ich das richtige Kleidungsstück finde; ich habe viel zu wenig Platz für meine Pullover; ...*

Wenn Sie fertig sind mit Ihrer Bestandsaufnahme, gehen Sie jeden Punkt durch: Wie könnten Sie diesen Fehler beheben? Führen Sie mindestens eine Neuerung gleich heute ein.

Ihre Makel-Liste Kleideraufbewahrung

KREATIVITÄT

Bildende Wörter

7

Heute sollen Sie Wörter zeichnen oder besser illustrieren. Doch was sollen wir lange erklären? Schauen Sie sich einfach unsere Beispiele an - dann sind Sie sofort im Bilde. Lassen Sie sich rund zehn eigene Kreationen einfallen, und skizzieren Sie sie!

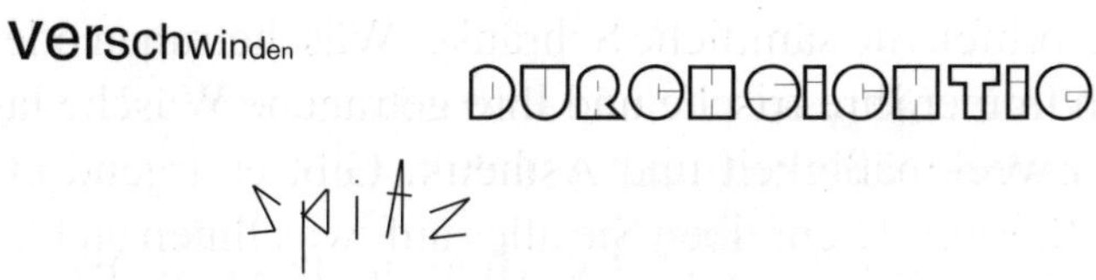

Und nun Ihre Kreationen:

8 Auf Entdeckungsreise

KREATIVITÄT

Ratten brachten es an den Tag - junge Tiere, die in einer eintönigen Umgebung aufwuchsen, entwickelten eindeutig kleinere und weniger aktive Gehirne als junge Ratten, deren Käfig möglichst abwechslungsreich gestaltet war. Je mehr man erlebt, desto mehr Querverbindungen melden sich, desto kreativer ist man also.

Überlegen Sie heute einmal, welche Ihnen zugänglichen Orte Sie bislang noch nicht aufgesucht haben.

- ❍ Waren Sie beispielsweise schon einmal auf dem Dachboden Ihrer Arbeitsstelle?
- ❍ Kennen Sie wirklich jedes Viertel Ihrer Stadt?
- ❍ Haben Sie schon jeden Bekannten besucht, der Sie eingeladen hat?

Notieren Sie sieben Orte, die Sie in den nächsten Wochen kennenlernen können und wollen. Fangen Sie dann gleich heute mit einer „Entdeckungsreise“ an.

1. ______________________
2. ______________________
3. ______________________
4. ______________________
5. ______________________
6. ______________________
7. ______________________

Ostereier

9

KREATIVITÄT

Ostern oder nicht: Der Osterhase kann nicht früh genug mit dem Bemalen der Eier anfangen.

Also nehmen Sie sich einen Stift, und üben Sie schon einmal! Einfarbige Muster sollen es sein (also brauchen Sie gar keine verschiedenfarbige Buntstifte zu verwenden). Das schönste Ei wird prämiert!

10 Das Molamo-Tokate-Spiel...

KREATIVITÄT

... ist ein altes Spiel, das Ihr Gefühl für Klangbilder und Formen verfeinert. Schauen Sie sich die beiden nebenstehenden Zeichnungen an. Welche würden Sie „Molamo“ nennen und welche „Tokate“? Sie kommen vermutlich auf dasselbe Ergebnis: Molamo paßt eher zur linken Figur; das Klangwort und die Figur wirken beide rund und weich. Tokate und die rechte Figur erscheinen eher abgehackt und eckig.

Ihre Aufgabe ist es, zu den folgenden Klangwörtern aus dem Gefühl heraus eine geometrische Figur zu zeichnen. Fertigen Sie zu jedem Klangwort eine Figur an:

1. Baff
2. Ratzik
3. Jupsedi
4. Molma
5. Wallorall
6. Zirrigis

Märchenstunde

11

KREATIVITÄT

Können Sie sich noch an Ihr Lieblingsmärchen erinnern? Vielleicht war es „Rotkäppchen“ oder „Der gestiefelte Kater“ oder „Rapunzel“? Oder ein ganz anderes, welches man nicht in jedem deutschen Märchenbuch findet?

Suchen Sie sich heute jemanden, der gut zuhören kann: ein Kind, Ihren Freund oder Ihre Freundin (auch Erwachsene können Freude an Märchen haben!) oder - wenn's gar nicht anders geht - einen Spiegel.

Und dann beginnen Sie zu erzählen, einfach drauflos (ohne vorher zu üben oder sich einen Spickzettel zu machen)! Gestalten Sie das Märchen mündlich. Es macht nichts, wenn Sie sich nicht mehr so recht an den Verlauf erinnern können: ändern Sie ihn halt ab (naseweise Verbesserungen nehmen Sie nicht an - es handelt sich eben um ein anderes Märchen!). Hauptsache, das Märchen wird für Sie und Ihren Zuhörer zum Erlebnis!

12 Aus dem Bauch heraus

KREATIVITÄT

Eine Geisteskraft, die wir oft vernachlässigen, ist die Intuition, eine Art unmittelbares Erkennen vom Gefühl her. Oft nehmen wir sie nur als Stimmung wahr, meistens als Unbehagen, wenn wir eine Entscheidung aus Vernunftsgründen getroffen haben.

Nehmen Sie heute doch einmal Ihre Intuition ernst. Lassen Sie Ihrem Verstand erst gar nicht die Zeit, Ihnen seinen Rat aufzuzwängen, sondern entscheiden Sie sich heute in allen Situationen des Alltags innerhalb von 10 Sekunden, z.B.

- beim Einkauf im Supermarkt - maximal 10 Sekunden für jeden Artikel;
- beim Einkauf eines Kleidungsstückes - setzen Sie sich nicht der Qual der Wahl aus - greifen Sie prompt zu;
- beim Ansprechen eines Menschen - überlegen Sie nicht vorher, mit welchem einleitenden Satz Sie auf ihn zugehen könnten;
- beim Essen im Restaurant - suchen Sie sich Ihr Menü in 10 Sekunden aus;
- beim Spielen mit Freunden - lassen Sie Strategieüberlegungen aus dem Spiel.

Drudel ...

... werden diese netten Deute-Bilder von ihren Anhängern genannt. Echte Drudel-Fans zeichnen sich übrigens durch besonders konkrete Interpretationen aus. In der Zeichnung rechts erkennen sie dann zum Beispiel die Mündung der Mosel in den Rhein bei Normalwasserstand.

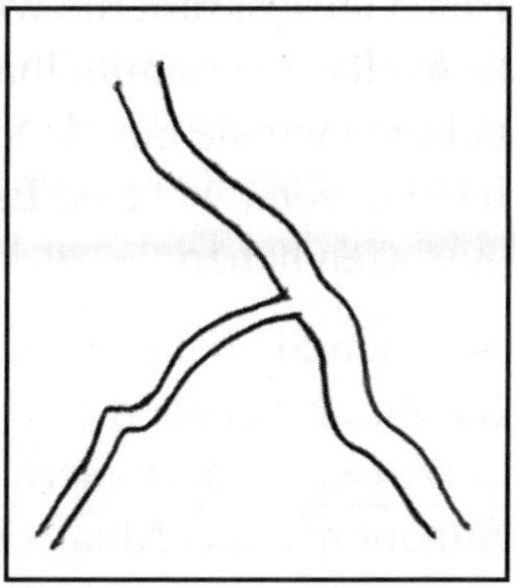

Was erkennen Sie?

___

___

___

___

___

___

___

___

___

___

14 Die Hexe und der Zwerg

KREATIVITÄT

Solch eine verheißungsvolle Überschrift und dazu ein fast leeres Blatt? Noch nicht einmal ein kleines Bild? Nein, heute sind ausschließlich Sie dran. Denken Sie an ein kleines Kind in Ihrer Umgebung, und schreiben Sie ihm ein Märchen mit dem Titel „Die kleine Hexe“ oder „Der böse Zwerg“ - je nachdem, was Ihnen eher liegt. Viel Spaß!

KREATIVITÄT

Fortsetzung folgt ... 15

Führen Sie die Zeichnungen auf unterschiedliche Weise fort, und geben Sie jedem Bild einen hübschen Titel.

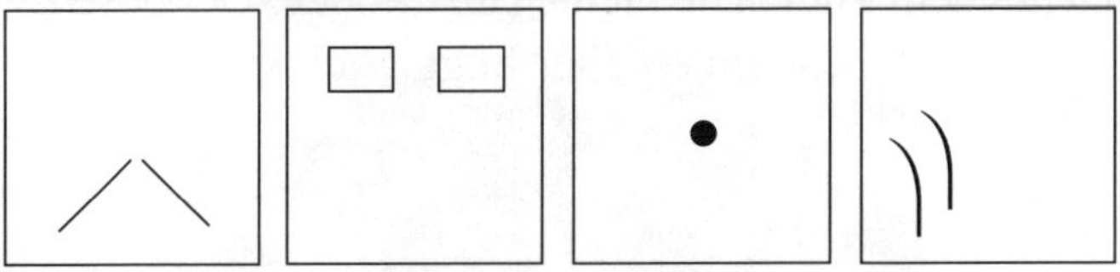

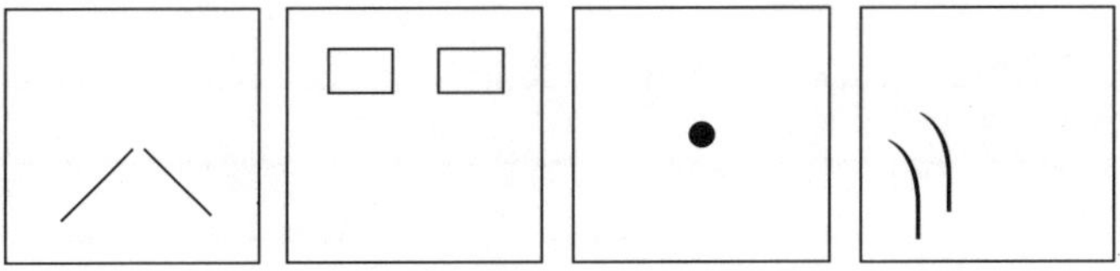

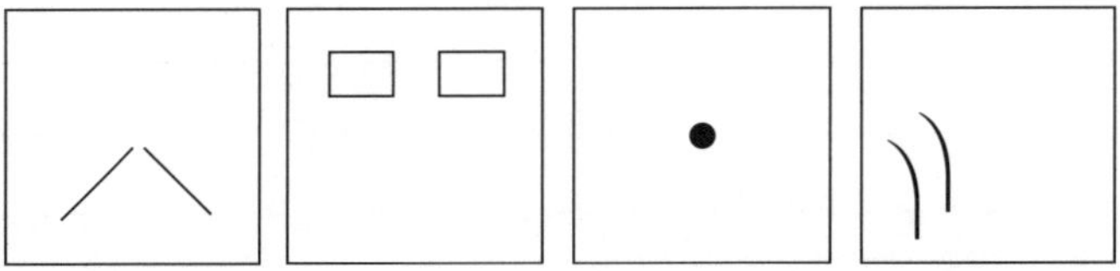

16 Das Ende des Automobil-Zeitalters

KREATIVITÄT

Wieder einmal müssen Sie logisches Denken mit Kreativität verknüpfen. Gesetzt den Fall, die Mächtigen der Welt beschließen einstimmig, das Auto generell abzuschaffen - was würde passieren?

Notieren Sie wertneutral alle Konsequenzen, die Ihnen einfallen.

Zwanzig Kreise ...

... sollen Sie jetzt zu kompletten Bildern ergänzen. Sie wissen ja, Strichzeichnungen reichen völlig aus; Hauptsache, der Kreis gehört zu Ihrer Zeichnung und Sie zeichnen nicht über ihn hinaus. Sie haben fünf Minuten Zeit!

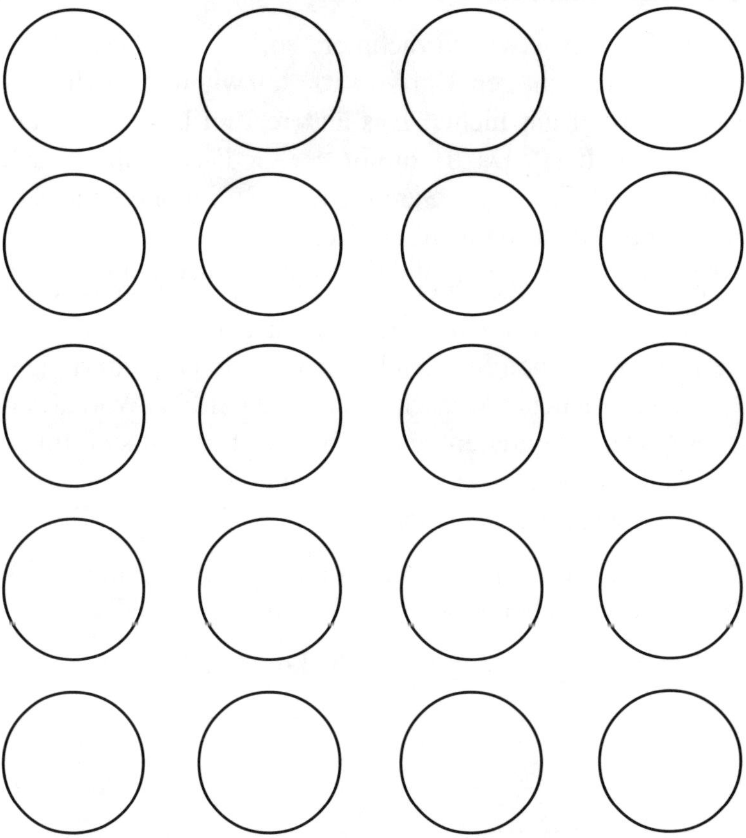

Möchten Sie Ihre Punkte zusammenzählen? Dann geben Sie sich für jede neue Grundidee drei Punkte und für jede „Schlepptau-Idee“ einen Punkt.

18 Denken Sie nicht an den Mond!

ENTSPANNUNG

Na, woran haben Sie gedacht, als Sie die Überschrift gelesen haben? Etwa an den Mond? Das wundert uns nicht! Das Unterbewußtsein, das Ihre Vorstellungen speist, kann nämlich mit negativen Wörtern wie „nicht“, „niemals“ usw. gar nichts anfangen.

Wenn Sie sich etwas vornehmen, sollten Sie diesen Umstand berücksichtigen. Der Vorsatz „Ich will nicht mehr rauchen!“ bringt gar nichts! Das äußere Ziel lautet nämlich: „mehr rauchen“. Dazu kommt der Gedankeninhalt „will nicht“. Und die Folge? Sie rauchen mehr, wollen das aber nicht und sind deshalb unglücklich.

Formulieren Sie also Ihren Vorsatz positiv! Warum rauchen Sie eigentlich? Zum Beispiel, weil Zigaretten Sie beruhigen. Dann nehmen Sie sich lieber vor: „Ich bin ein ruhiger und ausgeglichener Mensch.“ Erwähnen Sie das Wort „Rauchen“ oder „Zigaretten“ gar nicht, sonst drängt sich Ihnen das Bild der Zigarette immer wieder auf, wie oben der Mond, an den Sie nicht denken sollten.

Fassen Sie jetzt einen Vorsatz, und notieren Sie ihn gleich hier. Wir wünschen Ihnen gutes Gelingen!

Mein persönlicher Vorsatz für die kommende Zeit:

Unblockiertes Atmen

Setzen Sie sich bequem hin, und leeren Sie Ihre Lunge so weit wie möglich, indem Sie durch die Nase ausatmen und Ihren Unterleib so weit wie möglich einziehen. Bleiben Sie in diesem Zustand, und zählen Sie langsam bis fünf.

Lassen Sie dann langsam den Atem durch die Nase einströmen, schieben Sie Ihren Unterleib weit nach außen und füllen Sie bewußt den unteren Teil der Lunge. Dehnen Sie Ihren Brustkorb und lassen Sie auch in die höheren Teile der Lunge die Luft einströmen.

Lassen Sie Ihrer Lunge Zeit, den Sauerstoff der Luft vollständig aufzunehmen; zählen Sie derweil langsam bis fünf.

Atmen Sie nun aus, so tief Sie können, entspannen Sie Schultern und Brustkorb, und ziehen Sie den Unterleib ein, um so viel wie möglich von der verbrauchten Luft wieder loszuwerden. Wenn keine Luft mehr ausströmt, zählen Sie langsam bis fünf.

Wiederholen Sie den ganzen Zyklus rund zehnmal. Wenn Sie diese Technik mehrere Tage hintereinander üben, stellt sich das tiefe und natürliche Atmen von selbst ein.

20 Sitzen Sie gut?

ENTSPANNUNG

Verwenden Sie heute einmal fünf Minuten darauf, Ihre Sitzgewohnheiten kritisch zu überprüfen. Schließlich ist der ursprünglich aufrechte Mensch ein „Sitztier" geworden und damit auf dem besten Weg, zu einer rückenleidenden Art zu degenerieren.

Setzen Sie sich also bequem hin. Na, haben Sie sich hingegossen wie ein sterbender Schwan, mit einem rundem Rükken und womöglich mit überschlagenen Beinen? Ganz falsch! Aber das wissen Sie natürlich: Sie sitzen richtig, wenn Ihr Rücken vom Kopf bis zum Gesäß eine gerade Linie bildet und Ihre Beine (Ober- und Unterschenkel) mindestens einen rechten Winkel.

Rücken Sie nun auf Ihrem Stuhl an Ihren Arbeitstisch (zum Beispiel Schreib- oder Küchentisch) heran, und legen Sie die Unterarme auf. Bilden Ihre Arme nun einen rechten Winkel? Nein? Dann sollten Sie die Tisch- oder die Sitzhöhe verstellen.

Achten Sie nun wieder auf den rechten Winkel Ihrer Beine und darauf, daß Sie Ihre ganze Fußsohle entspannt am Boden oder auf einem Schemel halten. Prima, so sitzen Sie richtig!

Ihr Baum

21

ENTSPANNUNG

Eine Entspannungsübung, die nicht nur Ihre Phantasie fördert und den Horizont weitet, sondern auch Ihre persönlichen Träume und Befürchtungen aufzeigt.

Setzen Sie sich entspannt hin, schließen Sie Ihre Augen. Atmen Sie ruhig und gleichmäßig. Vor Ihrem geistigen Auge erscheint ein Baum Ihrer Wahl - gesund, mit vielen grünen Blättern und vielleicht auch Früchten. Gehen Sie ganz nah an ihn heran. Sehen Sie seine Rinde, hören Sie seine Blätter rauschen, atmen Sie seinen Geruch? Betasten Sie ihn. Wie fühlt er sich an?

Dann lehnen Sie sich an ihn und spüren, wie Sie seine Gestalt annehmen. Ihre Füße und Beine wurzeln tief in der Erde; Ihr gerader Rücken bildet einen Stamm; Kopf, Schultern und Arme sind zur Krone geworden. Atmen Sie ganz ruhig und gleichmäßig. Wie fühlen Sie sich als Baum? Lassen Sie Ihrer Phantasie freien Lauf.

Nach einigen Minuten holen Sie sich wieder in Ihren Alltag zurück. Atmen Sie tief aus und ein, und nennen Sie sich beim Namen. Schauen Sie sich noch einmal Ihren Baum an - Sie können ihn immer besuchen. Dann öffnen Sie Ihre Augen. Beschäftigen Sie sich mit Ihrem Erlebnis, zum Beispiel anhand dieser Fragen:

- Wie haben Sie sich als Baum gefühlt?
- Wo standen Sie, welche Jahreszeit war es?
- Wer hat Sie besucht?

22 Ausgleichsgymnastik für den Nackenbereich

ENTSPANNUNG

Nackenverspannungen sind ein Gradmesser für Streß und Belastungen aller Art. Ein wirksames Gegenmittel sind tägliche Kopfbewegungen in alle Richtungen, wie wir Sie Ihnen hier vorstellen. Üben Sie bitte vorsichtig - die Halswirbelsäule ist kompliziert gebaut und verträgt weder ruckartige Bewegungen noch stetiges Drehen des Kopfes in eine Richtung. Üben Sie jede Bewegung einmal und ganz langsam, bis Sie ein leichtes Ziehen verspüren. Achten Sie dabei auf gleichmäßiges Atmen und Lockerlassen von Gesicht und Schultern.

1. Kopfneigen nach vorn und hinten:

Ziehen Sie die Schultern nach unten, strecken Sie Ihren Nacken (nicht Ihren Kopf!) nach oben, und atmen Sie ein. Beim Ausatmen senken Sie den Kopf nach vorn, bis es leicht zieht. Atmen Sie langsam ein, während Sie den Kopf heben. Beim nächsten Ausatmen senken Sie den Kopf sachte nach hinten.

2. Kopfneigen zur Seite:

Neigen Sie den Kopf nach links, schauen Sie dabei geradeaus. Bleiben Sie so, bis Sie rechts ein Ziehen spüren, dann den Kopf heben und das Ganze wiederholen.

Im *Lösungsteil* finden Sie Übungen zur Ausgleichsgymnastik für den Schulterbereich.

Pflege des Tagesbeginns

23

ENTSPANNUNG

Wie verläuft eigentlich Ihr morgendliches Ritual? Raus aus den Federn, rein ins Badezimmer, in die Klamotten, frühstücken und dann los? Da haben wir etwas Besseres für Sie: Verschaffen Sie sich jeden Morgen zehn ungestörte Minuten. Setzen Sie sich hin, und überlegen Sie der Reihe nach, welche Aufgaben heute anstehen. Damit stimmen Sie sich auf die Arbeiten des Tages ein und vermeiden unnötige Hast. Wenn Sie möchten, halten Sie einen Tagesplan schriftlich fest.

Spielen Sie innerlich durch:

- Werde ich alles, was ich geplant habe, schaffen können? Wenn nicht, was ist wichtig und dringend, was kann ich weglassen?
- Welche unangenehmen und peinlichen Situationen stehen mir bevor? Hätte ich sie vermeiden können? Wie wohl werde ich mich fühlen, wenn ich sie hinter mir habe?
- Welche angenehmen Situationen erwarten mich heute? Wie kann ich mir heute selbst Freude bereiten?

Beginnen Sie dann Ihr Tagewerk mit der Erinnerung an ein schönes Erlebnis, an einen Vers oder ein Musikstück.

24 Mein Arm ist schwer

ENTSPANNUNG

Diese und die folgenden Übungen stammen aus dem Bereich des Autogenen Trainings. Hintergrundinformationen dazu finden Sie im *Lösungsteil.*

Legen Sie sich auf den Rücken, und machen Sie es sich mit einem kleinen Kissen oder einem gerollten Handtuch im Genick und unter den Knien bequem. Spreizen Sie ein wenig die Beine, lassen Sie die Füße nach außen fallen, und legen Sie die Arme locker neben den Körper. Schließen Sie die Augen. Sagen Sie innerlich zu sich selbst: „Ich bin ganz ruhig.“ Lassen Sie diesen Gedanken einige Augenblicke auf sich einwirken. Wiederholen Sie diese Formel noch zwei weitere Male.

Dann sammeln Sie all Ihre Gedanken auf Ihren linken oder rechten Arm. Denken Sie: „Mein Arm ist angenehm schwer.“ Wiederholen Sie auch diese Formel dreimal. Danach wechseln Sie wieder zum Gedanken: „Ich bin ganz ruhig.“ Wiederholen Sie diese Übung zwei Wochen lang drei Minuten am Tag.

Zunächst werden Sie vermutlich nichts spüren, doch bei konsequentem Training nehmen Sie nach wenigen Tagen ein Gefühl der Schwere im Unterarm wahr: Ihr Arm ist entspannt.

Mein ganzer Körper ist schwer

25

ENTSPANNUNG

Spüren Sie mittlerweile die wohltuende Schwere in einem Ihrer Arme? Ab heute werden wir diese Schwere nach und nach auf den gesamten Körper ausweiten. Das geht ganz leicht, weil Sie sich bei dieser Art von Übung nur auf einen einzigen neuen Aspekt konzentrieren müssen.

Legen Sie sich wieder bequem auf den Rücken, und entspannen Sie alle Muskeln, soweit es Ihnen möglich ist. Denken Sie: „Ich bin ganz ruhig." Inzwischen wird Ihr rechter Arm vermutlich schon fast von selbst schwer. Sammeln Sie also Ihre Gedanken auf den linken Arm, suggerieren Sie sich: „Mein linker Arm ist angenehm schwer." Wiederholen Sie diese Formel dreimal, und gehen Sie dann wieder zum Satz über: „Ich bin ganz ruhig."

Den kompletten Ablauf wiederholen Sie täglich drei Minuten lang. Wenn Sie dann wahrnehmen, wie Ihre beiden Arme quasi auf Befehl schwer werden, wenden Sie sich Ihren Beinen zu, zuerst dem rechten, dann dem linken. Zum Schluß - nach einigen Tagen oder Wochen - wählen Sie die Formel: „Mein ganzer Körper ist schwer, angenehm schwer."

Und seien Sie geduldig mit sich selbst - der Erfolg stellt sich irgendwann ganz automatisch ein.

Der *Lösungsteil* enthält die Zusatzinformation, wie Sie diese Übung im Sitzen durchführen.

26 Mein Arm ist warm

Wenn Sie es schaffen, Ihren gesamten Körper wohltuend schwer zu machen, wann immer Sie es wünschen, gehen wir zur nächsten Übung über. Nach der Muskelentspannung ist jetzt der Blutkreislauf dran.

Auch das ist wieder ganz leicht. Versetzen Sie sich in den angenehmen Zustand der Schwere (im Sitzen oder im Liegen), und denken Sie: „Ich bin ganz ruhig.“ Dann konzentrieren Sie sich wieder auf den rechten Arm und befassen sich mit dem Gedanken „Mein rechter Arm ist warm.“

Wiederholen Sie diese Formel wie gewohnt dreimal. Wenn Sie möchten, stellen Sie sich dabei vor, wie das Blut in Ihren Adern den Arm warm durchströmt.

Nach einigem Training werden Sie spüren, wie Ihr Arm angenehm warm wird. Dieses entspannende Gefühl von Wärme macht Sie vielleicht ein bißchen schläfrig. Wenn Sie vor dem Schlafengehen üben, können Sie also besonders leicht in das Land der Träume hinübergleiten. Falls Sie dagegen noch etwas anderes vorhaben, sollten Sie sich mit einem Gegenbefehl wieder wachrufen: Beugen Sie die Arme, öffnen Sie die Augen und atmen Sie tief aus und ein.

Zusatzinfo: Auch diese Übung können Sie nach und nach auf Ihren gesamten Körper ausbreiten. Weiten Sie sie zunächst auf Ihren linken Arm aus, dann auf Ihr rechtes und Ihr linkes Bein, zum Schluß auf Ihren ganzen Körper.

Fortgeschrittene konzentrieren sich übrigens in einer besonders wohltuenden Übung auf die Blutgefäße im Bauch zwischen Brustbein und Nabel, das sogenannte Sonnengeflecht.

Es atmet mich

Dies ist die letzte Körperübung, die wir dem Autogenen Training abgeschaut haben. Mit den beiden Grundübungen: „Mein Arm ist schwer" und „Mein Arm ist warm" gelingt es Ihnen schon, sich jederzeit und überall in einen angenehmen Zustand der Entspannung zu begeben.

Diesen Zustand können Sie durch eine Atemübung noch weiter vertiefen. Auf diese Weise sorgen Sie nicht nur für Ihre optimale Sauerstoffversorgung, sondern Sie nehmen Ihren Entspannungszustand in Form von Gelassenheit auch mit in Ihren Alltag hinein.

Versetzen Sie sich also in den Zustand der wohltuenden Schwere und Wärme, und sagen Sie sich: „Ich bin ganz ruhig und entspannt." Beobachten Sie dann Ihren Atem. Fühlen Sie, wie sich beim Einatmen der Bauch hebt und beim Ausatmen wieder senkt. Spüren Sie nach, wie der Atem kommt und geht - wie eine Welle, ganz ohne Ihr Zutun, ganz von selbst. Geben Sie sich diesem Gefühl hin, indem Sie denken: „Es atmet in mir", oder - etwas abstrakter - „Es atmet mich."

Wiederholen Sie auch diese Formel dreimal, und gehen Sie dann wieder zum Satz „Ich bin ganz ruhig und entspannt" über. Sie werden merken, daß Sie äußerlich und innerlich ausgeglichener werden.

Einige weiterführende Informationen zum Autogenen Training finden Sie im *Lösungsteil.*

28 Reden Sie sich doch einmal ein ...

ENTSPANNUNG

... daß Sie ein aktiver und fröhlicher Mensch sind. Oder daß Sie sich intensiv und ausdauernd konzentrieren können. Oder was immer Sie wollen. Das ist ganz leicht.

Mit den Übungen zum Autogenen Training haben Sie sie ja schon kennengelernt, die Macht der Gedanken. Sie wissen ja jetzt, was Sie sich selbst alles „einreden" können.

Jetzt kommt es nur auf die richtige Formel an. Sie soll positiv sein, kurz und prägnant und in der Gegenwartsform stehen, wie eben der Satz: „Mein Arm ist schwer."

Überlegen Sie also heute einmal, was oder wie Sie sein möchten. Bringen Sie Ihr Vorhaben auf den Punkt, und notieren Sie Ihre Formel, zum Beispiel: „Ich bin heiter und ausgeglichen."

Und dann trainieren Sie drauflos. Machen Sie - am besten abends - Ihre Entspannungsübungen, und „denken" Sie Ihre neue Formel. Wetten, daß Sie den Erfolg in wenigen Tagen spüren werden?

Dies ist meine persönliche Formel für die nächsten Wochen:

____

____

____

____

____

____

Blauer Himmel

Was gibt es Entspannenderes, als auf dem Rücken zu liegen und den blauen Himmel zu betrachten? Die therapeutische Wirkung der Farbe ist nachgewiesen: Blau beruhigt unsere Nerven. Dank Ihrer Vorstellungskraft können Sie sich jederzeit Ihren eigenen blauen Himmel zaubern.

Legen Sie sich entspannt auf den Rücken, und schließen Sie die Augen. Sie liegen am Meeresstrand und blicken in das köstliche Blau des Himmels über Ihnen. Fühlen Sie die Weite des blauen Raumes, sie hüllt Sie ein.

Lassen Sie beim Einatmen die blaue Luft in Ihren Kopf dringen. Sie breitet sich im Gehirn aus. Halten Sie sie kurz in den Lungen, dann schicken Sie Ihren blauen Ausatem die Wirbelsäule entlang, von oben nach unten.

Verharren Sie einige Augenblicke, während Sie den blauen Himmel betrachten. Atmen Sie wieder die blaue Luft ein, blasen Sie sie wieder durch Ihren Körper, bis Sie Ihren Kopf und Ihr Rückenmark wie von blauen Strömen durchflutet fühlen ...

Machen Sie die Übung einige Minuten lang. Atmen Sie tief aus, und öffnen Sie die Augen. Sie fühlen sich entspannt und gestärkt.

Im *Lösungsteil* finden Sie Zusatzinformationen zu dieser Übung.

30 Die Unvollendeten (1)

ENTSPANNUNG

Nehmen Sie sich heute fünf Minuten Zeit für eine ganz besondere Liste:

Tragen Sie schriftlich alle Dinge zusammen, die Sie jemals angefangen (heute, gestern, vor zehn Jahren), aber nicht beendet haben. Sie haben hier und auf der nachfolgenden Seite viel Platz dafür. Bewahren Sie diese Liste auf. Wir werden sie später noch brauchen.

Ihre unvollendeten Dinge:

ENTSPANNUNG

Die Unvollendeten (2)

31

Wie sieht es mit Ihrer Liste unvollendeter Tätigkeiten aus? Ist sie länger geworden? Lassen Sie sie weiterwachsen. Nehmen Sie sich erneut fünf Minuten Zeit, um die Liste zu vervollständigen. Bewahren Sie diese Liste gut auf - in einer Woche werden wir sie wieder brauchen.

Ihre unvollendeten Dinge:

32 Die Unvollendeten (3) - Das Energie-Gefängnis

ENTSPANNUNG

Blättern Sie zurück zu den beiden vorherigen Seiten, auf denen Sie alle Dinge notiert haben, die Sie begonnen, aber nie beendet haben. Diese brauchen wir nun und zusätzlich ein weiteres Blatt.

Machen Sie sich bewußt, daß in jeder unvollendeten Tätigkeit „Energie“ gefangengehalten wird, die Sie im Leben benötigen. Nun wollen wir beginnen, diese Energie zu befreien. Teilen Sie die Punkte Ihrer Liste in zwei Gruppen ein:

- Unten auf dieser Seite tragen Sie ein, was Sie noch zu Ende führen können und wollen.
- Auf einem anderen Blatt notieren Sie die restlichen Punkte. Hier sind also nun alle Angelegenheiten versammelt, die Sie nicht mehr beenden möchten oder können. *Vernichten Sie dieses Blatt! Davon sind Sie befreit!*

Ordnen Sie die untenstehende Liste nach dem Schwierigkeitsgrad der zu erledigenden Dinge. Heben Sie die Liste gut auf, und versuchen Sie, jeden Tag einen Punkt zu verwirklichen. Beginnen Sie gleich heute mit Punkt Nr. 1!

Ihre Liste:

Streicheleinheiten ...

... sollten Sie sich hin und wieder auch selbst schenken. Selbstmassage ist nicht nur eine hervorragende Tastübung, die rein physiologisch Spannungen abbaut, sondern eine genußvolle Sinneserfahrung, die Ihnen ganz einfach wohltut. Die folgenden Massageübungen für Gesicht und Kopf können Sie überall und zwischendurch ausprobieren.

1. Legen Sie Ihre Hände zu beiden Seiten der Nase, so daß Ihre Fingerspitzen direkt unter den Augen enden. Streichen Sie sehr sanft unter den Augen nach außen, bis Sie die kleine Vertiefung unter den Schläfen erreichen. Drükken Sie leicht darauf, und heben Sie die Hände wieder ab. Wiederholen Sie dies, und beginnen Sie jedes Streicheln etwas tiefer im Gesicht, enden Sie jedoch immer an der gleichen Stelle. Fahren Sie fort, bis Sie Ihr Kinn erreicht haben. Spüren Sie, wie sich Ihr Gesicht öffnet?

2. Streichen Sie mit Ihren beiden Mittelfingern über Ihre Augenbrauen von innen nach außen, und lassen Sie sie an den Schläfen mit leichtem Druck kreisen.

3. Spreizen Sie die Finger und streichen Sie von Ihren Ohren beginnend die Kopfhaut hinauf, bis sich die Finger treffen. Heben Sie die Hände ab, und lassen Sie Ihr Haar durch die Finger gleiten.

34 Das Entspannungsmeter

Heute lernen Sie eine Methode kennen, mit der Sie Ihren Streß abbauen können. Wenn Sie einmal nicht mehr wissen, wo Ihnen der Kopf steht, lehnen Sie sich bequem zurück, machen Sie Ihre Augen zu, und atmen Sie dreimal aus und ein.

Sie betreten einen Raum, in dem sich ein bequemer Stuhl befindet und mit ihm verbunden eine Art von Thermometer, ein Gerät, das Streß messen kann in einer Skala von 0 bis 10. Schließen Sie die Tür hinter sich, und setzen Sie sich auf den Stuhl. Die Meßsäule im Gerät schnellt sofort hoch und gibt Ihren aktuellen Streßgrad an, z.B. 8.

Betrachten Sie die Meßsäule. Allmählich sinkt sie, schon hat sie die 7 erreicht, 6, 5, 4, ... Mit jedem Grad, um das sie fällt, fühlen Sie sich wohler und wohler. Schließlich ist sie am Nullpunkt angelangt. Dort bleibt sie stehen.

Sie erheben sich, verlassen den Raum, schließen die Tür und kehren entspannt und erholt in Ihren Alltag zurück.

WAHRNEHMUNG
VORSTELLUNGSKRAFT

Testen Sie Ihr Vorstellungsvermögen

35

Mit dem räumlichen Vorstellungsvermögen hat so mancher seine liebe Not. Doch zum Glück kann man es ja trainieren! So zum Beispiel mit der folgenden Übung. Stoppen Sie die Zeit, die Sie für die Aufgabe benötigen!

(1) Stellen Sie sich einen gelben Ball vor.

(2) Fügen Sie - links von dem gelben Ball - einen braunen hinzu.

(3) Fügen Sie nun - rechts von dem gelben Ball - einen roten hinzu.

(4) Fügen Sie dann - rechts von dem roten Ball - einen blauen hinzu.

(5) Schieben Sie den roten Ball zwischen den braunen und den gelben Ball.

(6) Fügen Sie nun ganz links einen grünen Ball hinzu.

Wie lautet also die korrekte Reihenfolge der Bälle von links nach rechts? *(siehe Lösungen)*

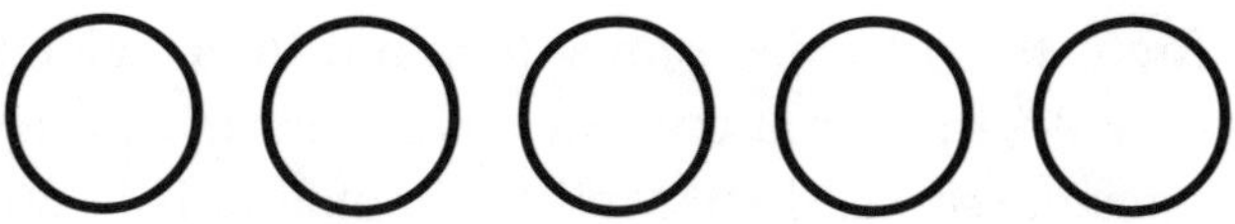

36 Der Maler in Ihnen

WAHRNEHMUNG
VORSTELLUNGSKRAFT

Zeichnerisches Talent wird nur zu einem Teil durch handwerkliche Fertigkeit bestimmt. Eine wesentliche Voraussetzung ist die intensive Wahrnehmung. Auch Sie können zeichnen, wenn Sie nur bewußt sehen lernen. Sie brauchen nur ein wenig Übung!

Suchen Sie sich einen Gegenstand in Ihrer unmittelbaren Nähe aus, z.B. einen Blumentopf. Betrachten Sie ihn eine Weile, lassen Sie zunächst die Augen wandern, wohin Sie wollen. Schließen Sie dann die Augen, und rufen Sie sich die Einzelheiten ins Gedächtnis: Welche Farbe haben die Blätter, wie sind sie gemustert, wie sind sie geformt? Wie sieht der Übertopf aus? War die Erde feucht oder trocken?

Wenn Sie eine Frage nicht beantworten können, öffnen Sie die Augen, und schauen Sie nach. Schließen Sie erneut die Augen, und versuchen Sie, die Umrisse der Pflanze innerlich nachzuzeichnen. Vergleichen Sie Ihr Bild mit der Realität. Wenn Sie meinen, Sie haben das Bild des Blumentopfes ganz in sich aufgenommen, drehen Sie sich um, und zeichnen Sie die Umrisse auf ein Blatt Papier.

Falls Sie nicht zufrieden sein sollten mit Ihrer Zeichnung: Gehen Sie locker damit um! Sie sollen hier ja kein Kunstwerk hinzaubern, sondern lediglich Ihr inneres Bild skizzieren - eine Übung, die erst einmal Ihre Augen öffnet. Wenn Sie munter weiterüben, werden Ihre Bilder immer klarer, und Ihre Hand wird irgendwann auch Ihren Augen folgen können. Okay?

Der gute Ton

WAHRNEHMUNG
VORSTELLUNGSKRAFT

Ein gutes Gehör ist nicht nur wichtig für Ihr Vorstellungsvermögen. Wenn Sie einem gesprochenen Text akustisch gut folgen können, brauchen Sie sich nur noch auf den Inhalt zu konzentrieren - Sie verstehen einfach mehr.

Also spitzen Sie Ihre Ohren bei folgender Übung. Schalten Sie Ihr Radio ein, und suchen Sie einen Sender, bei dem überwiegend gesprochen wird. Stellen Sie Zimmerlautstärke ein. Können Sie alles mühelos verstehen? Gut, dann drehen Sie etwas leiser. Nach kurzer Zeit haben Sie sich daran gewöhnt. Drehen Sie nach und nach leiser, bis Sie merken, daß Sie nur bei großer Konzentration alles mitbekommen. Lauschen Sie noch einige Minuten, dann schalten Sie ab.

Wiederholen Sie diese Übung regelmäßig. Vielleicht gewöhnen Sie es sich auch an, den Ton Ihres Fernsehapparats nach dem Einschalten einen Tick leiser zu stellen.

38 Würfel

WAHRNEHMUNG
VORSTELLUNGSKRAFT

Die Zeichnung zeigt einen auseinandergefalteten Würfel und drei konstruierte Würfel. Welcher der Würfel kann nicht aus der Vorlage konstruiert worden sein?

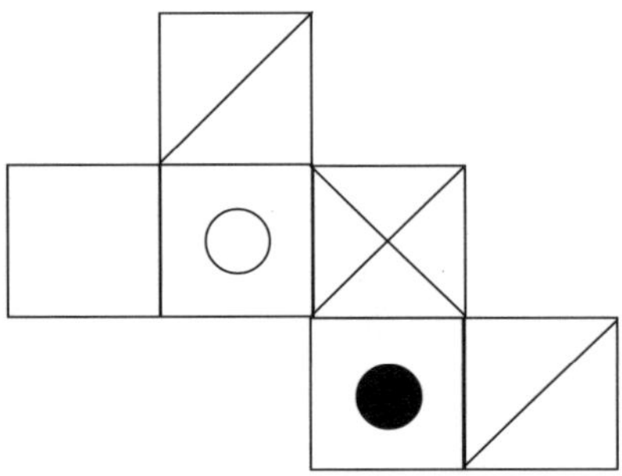

1) □ 2) □ 3) □

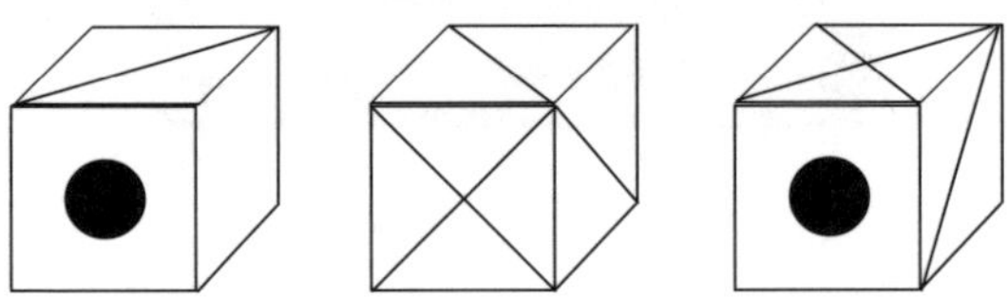

Prüfen Sie Ihr Ergebnis im *Lösungsteil* nach!

Stein auf Stein

Eine kleine Einstiegsübung für Ihr räumliches Vorstellungsvermögen. Zählen Sie möglichst schnell zusammen, aus wie vielen Blöcken die folgenden „Bauten“ bestehen.

a)

b)

Die Ergebnisse finden Sie im *Lösungsteil*.

40 Gewohnheitssachen ...

WAHRNEHMUNG
VORSTELLUNGSKRAFT

Das ist Ihnen vermutlich auch schon passiert: Sie haben Ihr Auto geparkt, sind sich aber nicht sicher, ob Sie es auch abgeschlossen haben. - Ein typisches Beispiel, daß wir uns an viele Situationen im Alltag nicht erinnern, weil wir sie oft nicht bewußt erlebt und wahrgenommen haben. Unterziehen Sie sich selbst einem Test, indem Sie folgende Fragen zu ein paar dieser „Gewohnheitssachen" beantworten. Überraschungen sind garantiert!

1. Über welcher Ziffer befindet sich auf einer normalen Computer-Tastatur das „§" - Zeichen?
2. Haben Bücher ihre geraden Seitenzahlen auf der rechten oder linken Seite?
3. Welche Person ist auf der Vorderseite eines 10 DM-Scheines zu sehen, und welches Schreibgerät befindet sich auf der Rückseite des 20 DM-Scheines?
4. Fließt das Wasser im Waschbecken entgegen dem Uhrzeigersinn oder im Uhrzeigersinn ab?
5. Wie viele Seiten hat ein gewöhnlicher Bleistift?
6. Welche Summe ergeben die Augenzahlen gegenüberliegender Seiten eines Spielwürfels?
7. Welche Schachfigur steht bei Eröffnung des Spiels auf der Position „c1"?
8. Schwingen Ihre Arme beim Gehen mit dem Rhythmus oder gegen den Rhythmus Ihrer Beine?

Die richtigen Antworten finden Sie im *Lösungsteil.*

Innere Bilder

41

WAHRNEHMUNG
VORSTELLUNGSKRAFT

Sie erinnern sich noch an die Übung mit dem Blumentopf bzw. eines Gegenstands in Ihrer Nähe (Übung 36)? Wir werden sie jetzt weiterführen.

Visualisieren Sie nacheinander folgende Gegenstände:

❍ Ihren Kellerschlüssel,

❍ ein Haustier, das Sie kennen,

❍ einen Sonnenaufgang oder (für Morgenmuffel) einen Sonnenuntergang.

Konzentrieren Sie sich auf die Idee des Bildes. Versuchen Sie, die Farbe, die Oberflächenstruktur, die Form und die Größe des Gegenstandes zu sehen. Zeichnen Sie anschließend die Umrisse jetzt hier auf.

42 Den richtigen Riecher haben

WAHRNEHMUNG
VORSTELLUNGSKRAFT

Der Geruchssinn und das Gedächtnis stehen in einer geheimnisvollen Verbindung: Leitgerüche, z.B. ein bestimmter Geruch aus der Kindheit, setzen ganze Erinnerungspakete frei - die Vergangenheit wird wieder wach. Schon aus diesem Grund lohnt es sich, seinen „Riecher" weiterzuentwickeln.

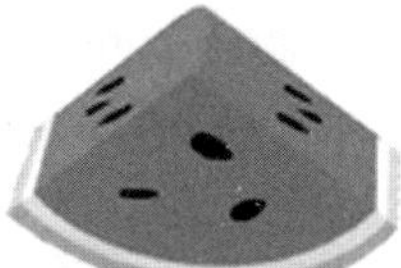

Setzen Sie sich jetzt verschiedenen Gerüchen von Lebensmitteln und Getränken aus, nicht gerade so überdeutlichen wie etwa von Brathähnchen und Kaffee. Schnuppern Sie bewußt an Zitronenlimonade, kaltem Tee, Reis, Nudeln, Salz, Zucker, Wasser ...

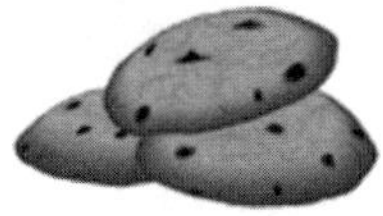

Üben Sie mit einer anderen Person zusammen. Lassen Sie sich bei geschlossenen Augen verschiedene Geruchsproben präsentieren, und bestimmen Sie, um was es sich handelt.

Würfelkonstruktionen

43

WAHRNEHMUNG
VORSTELLUNGSKRAFT

Diese Art von Würfelspiel ist ein beliebter und unverzichtbarer Bestandteil jedes Trainings zum räumlichen Vorstellungsvermögen. Das Prinzip kennen Sie sicher: Falten Sie aus der Vorlage innerlich einen Würfel zusammen. Welche der Vorlagen passen nicht zu dem abgebildeten Würfel?

a)

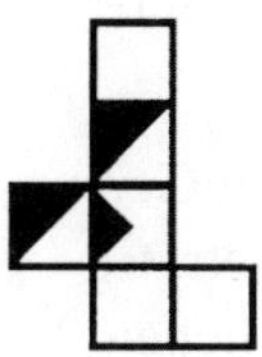

b)

c)

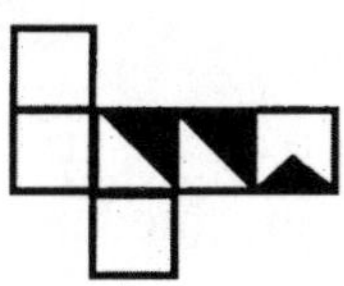

d)

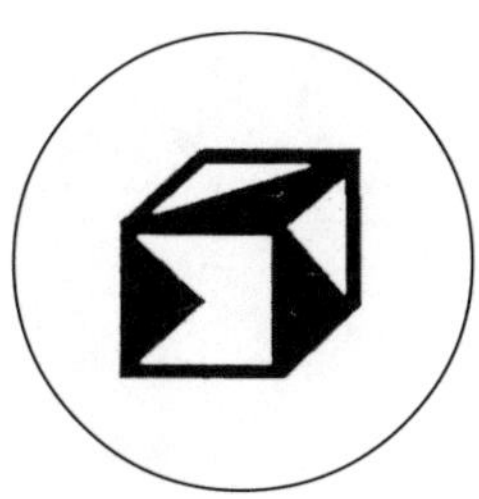

Die richtigen Ergebnisse enthält der *Lösungsteil*.

44 Papierdeckchen

WAHRNEHMUNG
VORSTELLUNGSKRAFT

Diese kleine Bastelei kennen Sie sicher aus dem Kindergarten. Ein Stück Papier wird gefaltet, kleine Ecken werden ausgeschnitten - und beim Entfalten zeigt sich ein nettes „Spitzenmuster". Sie sollen jetzt jedoch nur herausbekommen, welches Muster zu der angebenen Falt- und Schneidanleitung paßt.

So wurde das Papier gefaltet:

Welches Muster ist es (siehe *Lösungsteil*)?

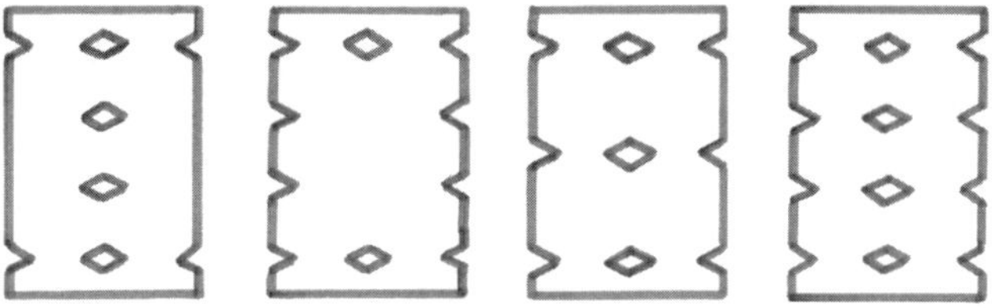

Sehen Sie rot?

45

WAHRNEHMUNG
VORSTELLUNGSKRAFT

Können Sie vor Ihrem geistigen Auge Farben sehen? Diese Fähigkeit ist nicht nur eine wichtige Voraussetzung für ein ausgeprägtes Vorstellungsvermögen und damit einem guten Gedächtnis. Diese Art von Farbentraining schärft gleichzeitig Ihre Konzentration und läßt sich zudem sinnvoll in Entspannungsübungen einbauen. Sie schlagen also durch unsere heutige Übung mehrere Fliegen mit einer Klappe!

Probieren Sie's zunächst mit der Farbe Rot. Setzen Sie sich bequem hin, schließen Sie die Augen, und denken Sie an Rot. Wenn Sie nicht spontan „rot sehen", stellen Sie sich z.B. eine knallrote Tomate vor. Lassen Sie sie immer größer werden, bis Sie Ihren gesamten Gesichtskreis erfüllt.

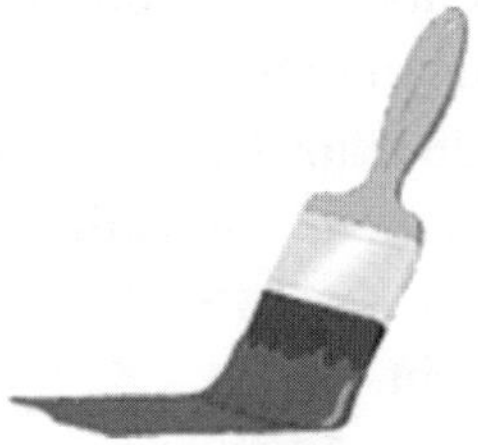

Oder Sie visualisieren einen Maler an einer Hauswand. Er taucht den Pinsel in einen Eimer und verstreicht rote Farbe. Noch ein Pinselstrich. Nach und nach färbt sich vor Ihren Augen die gesamte Wand rot. Wiederholen Sie diese Übung öfter, der Erfolg stellt sich von selbst ein.

46 Treffsicherer Geschmack

WAHRNEHMUNG
VORSTELLUNGSKRAFT

Auf irgendeiner Ihrer Kindheitsparties haben Sie mit diesem Spiel schon Bekanntschaft geschlossen. Spielen Sie es jetzt einmal in dem Bewußtsein, damit Ihr Wahrnehmungsvermögen und Ihre Vorstellungskraft zu stärken.

Suchen Sie sich eine Person Ihres Vertrauens, und bitten Sie sie, Ihnen Geschmacksproben verschiedener Lebensmittel und Getränke zusammenzustellen. Das müssen nun keine kulinarischen Leckerbissen sein, ein Stückchen einer rohen Kartoffel etwa schadet auch nicht.

Dann schließen Sie die Augen - oder besser noch, Sie verbinden sich die Augen, denn bei so manchem Geschmack reißt man doch unwillkürlich die Augen auf - und lassen sich die Proben in den Mund stecken. Wenn Sie mögen, tauschen Sie auch einmal mit Ihrem Helfer die Rollen. Und falls er Sie mit „geschmacklosem" Zeug traktiert hat - Sie wissen ja: Rache ist süß!

Augenfällig ...

47

WAHRNEHMUNG
VORSTELLUNGSKRAFT

Unser Auge leistet Erstaunliches. Es liefert uns unabhängig von der Entfernung ein scharfes Bild - und ist mit Hilfe des Gehirns sogar in der Lage, auch dort zu sehen, wo man eigentlich gar nichts sehen kann. Beim Lesen kann unser Gehirn auf einen großen Teil der Informationen verzichten und trotzdem den Sinn des Textes verstehen!

Dazu folgendes Experiment: Versuchen Sie, den folgenden Text zu lesen, bei dem wir die Zeilen absichtlich „verstümmelt" haben. Zweifellos werden Sie in der Lage sein, diese heitere Anekdote aus dem Leben des Schriftstellers Bernhard Shaw zu verstehen!

Der Apfel fällt nicht weit vom Stamm

Eine von Bernhard Shaw sehr begeisterte Filmschauspielerin ließ dem Schriftsteller einen Brief zukommen: „Ich biete Ihnen meine Hand und mein Herz an. Stellen Sie sich doch unsere Kinder vor, wenn sie meine Schönheit und Ihre Intelligenz erben!" Shaws kurze Antwort: „Madame, ich muß Ihren Antrag zurückweisen. Es kann ja doch passieren, daß die Kinder so schön wie ich und so klug wie Sie werden!"

Richtig erkannt? (siehe *Lösungsteil*)

48 Blöcke

WAHRNEHMUNG
VORSTELLUNGSKRAFT

Zählen Sie die Blöcke in der nachstehenden Figur:

Wie viele Blöcke sind es?
(siehe *Lösungsteil*)

Visionen

49

WAHRNEHMUNG
VORSTELLUNGSKRAFT

Ihre Fähigkeit, innere Bilder zu erzeugen, ist nun schon recht ausgeprägt. Sie können sich bereits an etwas schwierigere Themen wagen.

Visualisieren Sie nacheinander

- ❍ Ihr Fahrrad,
- ❍ eine laufende Katze,
- ❍ das Gesicht einer früheren Freundin.

Rufen Sie das Bild in Ihr Gedächtnis. Versuchen Sie, alle Details wahrzunehmen. Zeichnen Sie anschließend die Umrisse hier auf.

50 Einen Augenblick lang

WAHRNEHMUNG
VORSTELLUNGSKRAFT

Sind Sie gerade draußen, vielleicht auf dem Weg zur Arbeit oder in einer Ihnen noch nicht allzu bekannten Umgebung? Dann befinden Sie sich am richtigen Ort für diese Übung: Schließen Sie die Augen, und wenden Sie Ihren Kopf in eine bestimmte Richtung. Öffnen Sie nun Ihre Augen für einen kurzen Moment, wirklich nicht länger als den Bruchteil einer Sekunde. Was nehmen Sie wahr?

Blicken Sie wieder kurz auf. Was kommt an Gesehenem hinzu?

Blenden Sie erneut auf, und zählen Sie mit geschlossenen Augen das Gesehene auf. Wiederholen Sie das, bis Sie meinen, Ihr ganzes Gesichtsfeld erfaßt zu haben. Dann öffnen Sie für längere Zeit Ihre Augen und überprüfen Ihre Vorstellung an der Realität. Haben Sie alles wahrgenommen? Wieviel „Augenblicke" benötigten Sie dafür?

Wenn Sie regelmäßig üben, kommen Sie mit immer weniger „Aufblendungen" aus, um Ihr gesamtes Blickfeld bewußt zu sehen. So steigern Sie nicht nur Ihr Wahrnehmungsvermögen, sondern auch Ihre Konzentrationsfähigkeit.

Um Ihre Fortschritte zu notieren, vermerken Sie hier den Trainingstag und die Anzahl der „Augenblicke":

Tag	*Anzahl*	*Tag*	*Anzahl*

Spitzenmuster

WAHRNEHMUNG
VORSTELLUNGSKRAFT

Welches Muster ergibt sich, wenn man ein Blatt Papier auf folgende Art und Weise faltet und schneidet?

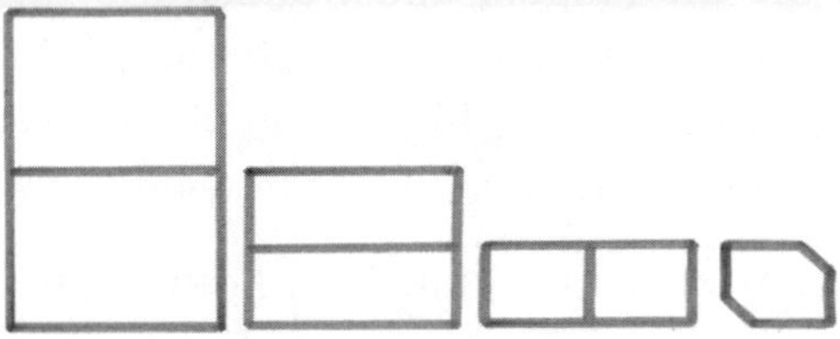

Nun, wie sieht es aus (siehe *Lösungsteil*)?

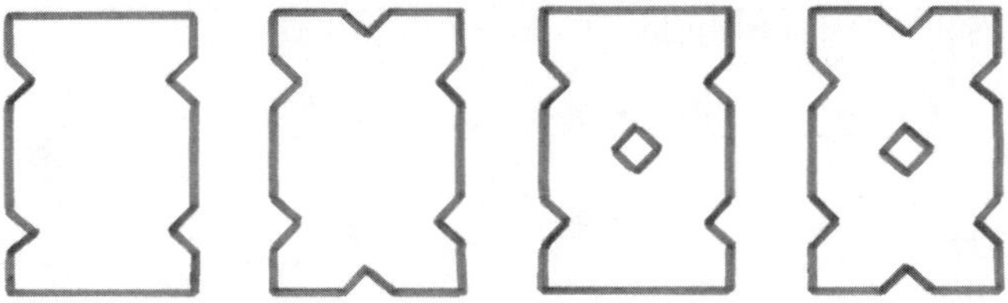

52 Testen Sie Ihre Flexibilität!

FLEXIBILITÄT

Um den Stand Ihrer Flexibilität zu ermitteln, sollen Sie mindestens 20 sinnvolle deutsche Wörter bilden, die sich aus den Buchstaben des Wortes „Tennisball" zusammensetzen lassen. Sie können jeden Buchstaben des Begriffes verwenden.

1. ________	11. ________
2. ________	12. ________
3. ________	13. ________
4. ________	14. ________
5. ________	15. ________
6. ________	16. ________
7. ________	17. ________
8. ________	18. ________
9. ________	19. ________
10. ________	20. ________

Lösungsbeispiele finden Sie im *Lösungsteil*.

Maße und Gewichte

FLEXIBILITÄT

Jetzt geht es um ganz banale Eigenschaftswörter, die von uns umschrieben wurden. Ihre Aufgabe ist es nun, herauszufinden, welches Wort gemeint ist (siehe *Lösungsteil*).

Ein Beispiel? „Von geringer Größe“ bedeutet nichts anderes als „klein“. Und was verbirgt sich hinter „sich nach oben ausdehnend“? Richtig, „hoch“! Jetzt sind Sie dran:

von geringer Breite ____________________

sich erstreckend ____________________

von großem Gewicht ____________________

mit hoher Geschwindigkeit ____________________

sich nach unten ausdehnend ____________________

von geringem Gewicht ____________________

lange Zeit benötigend ____________________

von beträchtlichem Umfang ____________________

54 Buchstabenwirrwarr ...

FLEXIBILITÄT

Ziel dieser nicht ganz einfachen Übung ist das Trainieren Ihres Kombinationsvermögens und Ihrer geistigen Flexibilität: Ergänzen Sie die drei Buchstaben jeweils zu einem Wort, indem Sie sowohl davor als auch dahinter weitere Buchstaben einfügen. Viel Spaß!

Beispiel: mmg = Sti**mmg**abel

hnr	tob
ftw	rgb
olo	tpf
tna	ych
nfi	orr

Lösungsbeispiele finden Sie im *Lösungsteil*!

Da gehen Ihnen die Augen auf ... 55

FLEXIBILITÄT

Augen, Ohren, Nase, Zunge und Haut sind nicht nur Wahrnehmungsorgane. Zahlreiche Redewendungen der deutschen Sprache zeugen von bemerkenswerten und kuriosen Zusammenhängen. Doch sehen Sie selbst! Notieren Sie Redensarten, die das Wort „Auge“ enthalten.

Redensarten zum Thema „Auge“:

56 Sprichwörtliches

FLEXIBILITÄT

Wenn Sie schon einmal versucht haben, die Handschrift Ihres Arztes zu entziffern, dann werden Sie Gefallen an dieser Übung finden. In den untenstehenden Sätzen wurden nämlich die Vokale (a, e, i, o, u, ä, ü) weggelassen. Ihre Aufgabe ist es, die fehlenden Buchstaben einzusetzen. Eine kleine Hilfe: Es handelt sich um Sprichwörter (siehe *Lösungsteil*).

„J□d□s □rw□ch□n □st f□r □ns w□□ □□n□ n□□□ G□b□rt.“

(S□gm□nd Fr□□d, Psych□l□g□)

„□□n r□h□g□r G□□st h□□lt □ll□s.“

(R□b□rt B□rt□n, Ph□l□s□ph)

„Ph□nt□s□□ □st w□cht□g□r □ls W□ss□n.“

(□lb□rt □□nst□□n, Phys□k□r)

„D□m V□rst□nd□g□n □st □□n W□rt g□n□g.“

(T□t□s Pl□□t□s, D□cht□r)

Wortverwandtschaften ... 57

FLEXIBILITÄT

Mit Worten ist es wie mit den Menschen: „Über ein paar Ecken ist jeder mit jedem verwandt." Wie, Sie glauben das nicht? Probieren Sie es doch einfach einmal aus. Stellen Sie eine „Wortverwandtschaft" her, und überführen Sie das Wort „Bauer" in vier Schritten in das Wort „Wagen" (siehe *Lösungsteil*).

Damit Ihnen das nicht zu leicht fällt, gilt eine kleine Einschränkung: Sie dürfen dabei immer nur einen Buchstaben austauschen, und es müssen dabei immer sinnvolle Wörter entstehen (Schummeln gilt nicht: Die „sinnvollen Wörter" müssen im Duden zu finden sein ...).

B A U E R

\- - - - -

\- - - - -

\- - - - -

W A G E N

58 Korrekturen

FLEXIBILITÄT

Spielen Sie doch einmal Deutschlehrer und streichen Sie in jedem Wort den falschen Buchstaben durch. Und das Ganze so schnell wie möglich, bitte! (Vielleicht stellen Sie sich vor, daß Sie heute noch 25 weitere Hefte durchsehen müssen ...)

Aleska	Pezirk
Zenent	Maknet
Bensin	Destel
Perole	Replex
Tevise	Telphi
Okuler	Norgen
Toller	Mutder
Artisd	Schbester
Wimter	Lügmer
Somner	Herpst
Kuvfer	Zilper
Zocker	Vendil
Bamane	Agkord
Verpot	Pfeipe
Retsel	Wahnsihn

Überprüfen Sie Ihre Korrekturen im *Lösungsteil*!

FLEXIBILITÄT

Kladderadatsch

Jetzt haben wir eine ganz einfache Aufgabe für Sie! Finden Sie möglichst viele Wörter, die mit den Buchstaben „KL“ anfangen, zum Beispiel Klavier, Kladderadatsch, klar, klappern ...

Achten Sie einmal darauf, daß Sie nicht nur Hauptwörter bilden, sondern auch Eigenschafts- und Tätigkeitswörter und anderes (siehe *Lösungsteil*).

60 Gehen

FLEXIBILITÄT

Geben wir es doch einmal zu - wir benutzen viel zu häufig Allerweltswörter, deren Bedeutung schwammig oder nichtssagend ist. „Gehen“ z.B.: Männer, Frauen, Kinder, Greise, selbst Tiere - alle gehen. Stimmt aber eigentlich gar nicht; jedes Lebewesen hat je nach Situation einen eigenen Gang. Wie geht ein Mann mit einem Gipsbein? Wie geht eine stolze Frau? Wie geht ein kleines Mädchen an der Hand des Vaters? Wie gehen Soldaten?

Stellen Sie sich die verschiedensten Umstände vor, und notieren Sie in fünf Minuten so viele Synonyme wie möglich (Beispiele im *Lösungsteil*).

FLEXIBILITÄT

Wie der Anfang, so das Ende

61

Heute sollen Sie mindestens zwölf Wörter suchen und finden, die mit dem gleichen Buchstaben anfangen und aufhören, z.B. „**HOCH**“ oder „**ENDE**“.

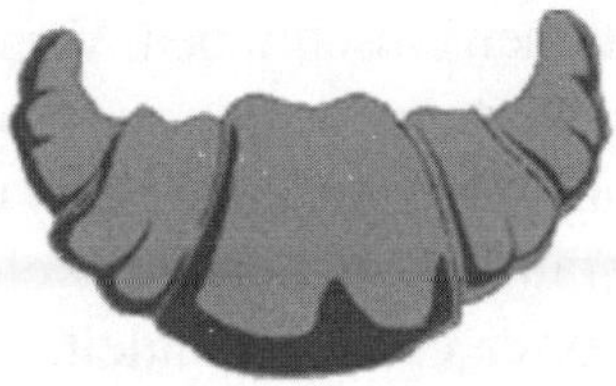

Schaffen Sie das in fünf Minuten?

Einige Anregungen finden Sie im *Lösungsteil*.

62 Richtungen und Orte

FLEXIBILITÄT

Jetzt haben wir für Sie Präpositionen umschrieben, Verhältniswörter wie „in“, „um“ oder „an“. Ihre Aufgabe ist es nun herausbekommen, um welche Wörter es sich handelt. „An der Seite von“ etwa bedeutet „neben“, „von hier oben nach dort unten“ meint „herunter“.

Na, das ist doch gar nicht so schwer, oder?

im Kreis herum ____________

auf der Rückseite, an entfernter Stelle ____________

an einer höheren Stelle ____________

an der Oberfläche von ____________

etwa in der Mitte von ... und ... ____________

wieder an den Ausgangspunkt ____________

Überprüfen Sie Ihre Lösung im *Lösungsteil*!

FLEXIBILITÄT

Scrabble „Wäscheleine“

63

Bilden Sie mindestens 18 sinnvolle deutsche Wörter, die sich aus den Buchstaben des Wortes WÄSCHELEINE zusammensetzen lassen.

1. ____________________
2. ____________________
3. ____________________
4. ____________________
5. ____________________
6. ____________________
7. ____________________
8. ____________________
9. ____________________
10. ____________________
11. ____________________
12. ____________________
13. ____________________
14. ____________________
15. ____________________
16. ____________________
17. ____________________
18. ____________________

Lösungsbeispiele finden Sie im *Lösungsteil*.

64 Buchstabenmix ...

FLEXIBILITÄT

Das ist Ihnen schon bekannt: Durch das Weglassen einiger weniger Buchstaben kann man nicht nur die Bedeutung eines Wortes verändern, sondern auch das jeweilige Wort bis zur Unkenntlichkeit „verstümmeln". Genau das ist bei den Buchstabengruppen unten wieder passiert. Ihre Aufgabe dabei: Machen Sie die „Verstümmelung" rückgängig! Ergänzen Sie dazu die drei Buchstaben jeweils zu einem Wort, indem Sie sowohl davor als auch dahinter weitere Buchstaben einfügen (siehe *Lösungsteil*). Viel Spaß!

Beispiel: adi = **R**adi**o**

rwu	ram
hnb	rfü
urs	rch
aag	dha
uar	ped

FLEXIBILITÄT

Geht Ihnen das unter die Haut?

65

Auch die Haut ist Bestandteil zahlreicher Redensarten, die uns sehr anschaulich zeigen, daß es sich bei ihr nicht nur um eine wasserdichte Hülle handelt.

Notieren Sie alle Redewendungen, die Ihnen innerhalb von fünf Minuten zum Thema Haut einfallen. Einige Anregungen finden Sie im *Lösungsteil*.

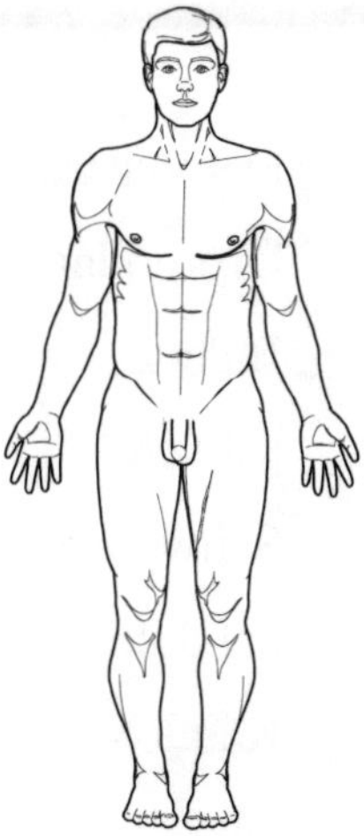

Ihre Redensarten zum Thema „Haut“:

66 Korrekturen

FLEXIBILITÄT

Und wieder hat der Fehlerteufel zugeschlagen. Diesmal hat er sich jedoch nicht nur Hauptwörter ausgesucht - es wird also ein bißchen schwieriger. Streichen Sie bitte wie immer in jedem Wort den falschen Buchstaben durch.

Demonstrand	auserkuren
Dromodar	valsch
Balette	Plakegeist
frihlich	Rittar
Schwebebaan	stapil
handuln	Nutel
Katalox	Assiztent
ausvringen	allgemain
jubelm	demnechst
lings	Balme
Refolver	gerabe
Banene	quihtschen
Keiser	pundeln
Humpug	erburmen
homiggelb	kurzermelig

Vergleichen Sie Ihre Korrekturen mit den Angaben im *Lösungsteil*!

FLEXIBILITÄT

Stadt - Land - Fluß

67

Können Sie sich noch an Ihren Erdkundeunterricht erinnern? Auch wenn das schon länger zurück liegt, so sind Sie doch sicherlich in der Lage, die folgende Aufgabe zu meistern. Im weitesten Sinne geht es hier um Ihr Allgemeinwissen.

Finden Sie zu den untenstehenden Buchstaben jeweils einen Städtenamen - keine Bange, die Buchstaben X und Y fehlen natürlich!

Viel Spaß! (Beispiele finden Sie im *Lösungsteil*)

A ______	**M** ______
B ______	**N** ______
C ______	**O** ______
D ______	**P** ______
E ______	**Q** ______
F ______	**R** ______
G ______	**S** ______
H ______	**T** ______
I ______	**U** ______
J ______	**V** ______
K ______	**W** ______
L ______	**Z** ______

68 Die Verkleidung des du

FLEXIBILITÄT

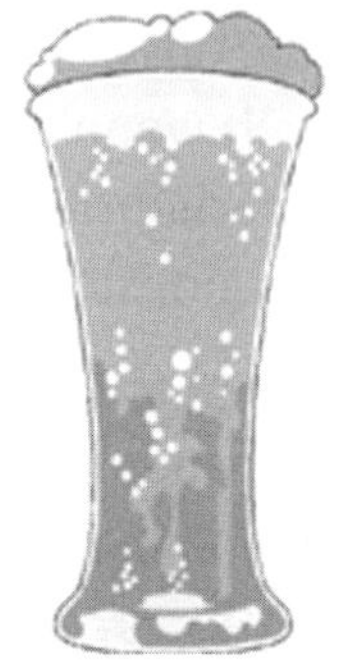

Das Pronomen „du“ verbirgt sich in zahlreichen Wörtern,

z.B. in Duden, Duften, Durst.

Nun sollen Sie in vier Minuten zehn weitere Wörter finden - also quasi zweieinhalb Wörter pro Minute. Das schaffen Sie doch, oder?

Ihre zehn DU-Begriffe:

Einige Beispiele enthält der *Lösungsteil*.

Wie gut ist Ihr Gedächtnis? 69

GEDÄCHTNIS

Bitte lesen Sie diese Geschichte einmal durch:

Es ist 14 Uhr, das Telefon reißt Sie aus dem Schlaf. Alexander, Ihr alter Freund, ist am anderen Ende der Leitung: „Wo bleibst du denn, wir sind zum Mittagessen verabredet!“

„Wer?“

„Du, ich, Maria, Johannes, Ulrike und Harald.“

„Wieso?“

„Mein Gott, unser Neujahrsessen! Bei Maria. Spaghetti, Tortellini, Lasagne ...“

„Hmpf!“

„Stell dich nicht so an. Würdest du so nett sein und auch noch Thomas benachrichtigen, Telefon 78 65 44? Ulrike möchte ihn gerne wiedersehen!“

„Na gut.“

„Du solltest spätestens um 16 Uhr da sein! Bis gleich!“

„Bis ... Halt! Wo wohnt Maria noch?“

„Schreinerstraße 24b. Telefon 32 88 12.“

„Und Marlene kommt nicht?“

„Nein, deine Ex-Frau bleibt außen vor!“

„Okay!“

Bitte blättern Sie dann in den *Lösungsteil* um.

70 Rückschau

GEDÄCHTNIS

Können Sie sich gut an jüngst Vergangenes erinnern? Versuchen Sie, die folgenden Situationen so detailliert wie möglich wieder aufzurufen! Wenn Sie möchten, können Sie Ihre Erinnerungen nachfolgend notieren.

1. Was haben Sie vor zehn Minuten getan?

2. Welche Gedanken bewegten Sie vor ungefähr zwei Stunden?

3. Womit beschäftigten Sie sich gestern um diese Zeit?

Die Ordnungsliebe Ihres Sohnes

71

GEDÄCHTNIS

So sieht das Zimmer Ihres Sohnes normalerweise aus. Nehmen Sie sich drei Minuten Zeit, und prägen Sie sich alle Einzelheiten ein; merken Sie sich insbesondere, was wo lagert. Blättern Sie dann um in den *Lösungsteil*.

72 Ein alltägliches Ding

GEDÄCHTNIS

Diese Übung wird Sie an mindestens zwei Tagen beschäftigen, dafür bringt sie Sie auch einen erheblichen Schritt weiter: Ihre Wahrnehmung wird intensiver und Ihr Gedächtnis verläßlicher.

Suchen Sie sich jetzt einen Gegenstand aus, der jeden Tag in Ihrer Nähe ist, z.B. ein bestimmtes Buch oder vielleicht Ihre Schreibtischlampe. Betrachten Sie diesen Gegenstand ausgiebig, vielleicht sogar mehrmals am Tag. Nehmen Sie sein Bild vollständig in sich auf.

Abends vor dem Einschlafen stellen Sie sich den Gegenstand vor. Sehen Sie ihn vor sich mit all seinen Einzelheiten?

Am nächsten Morgen, wenn Ihnen der gewählte Gegenstand wieder vor Ihre Augen tritt, rufen Sie Ihr abendliches Bild in Erinnerung und vergleichen es mit dem realen Gegenstand! Korrigieren Sie innerlich die Abweichungen. Am Abend können Sie dann mit Ihrer verfeinerten Erinnerung Ihr inneres Bild überarbeiten.

Der letzte Spielfilm

Können Sie sich an den letzten Spielfilm erinnern, den Sie im Fernsehen gesehen haben? Wahrscheinlich ist das noch gar nicht so lange her - vielleicht war es erst gestern abend?

Ob Sie sich nun eine Lovestory oder einen Actionfilm ausgesucht oder für ein Werk des deutschen, britischen oder chinesischen Kinos entschieden haben - es geht darum, diesen Film innerlich erneut ablaufen zu lassen.

Vergegenwärtigen Sie sich Szene für Szene, sehen Sie die Farben (sofern Sie nicht gerade einen Schwarzweißfilm gewählt haben), hören Sie die Dialoge.

Nehmen Sie sich dafür fünf Minuten Zeit. Wenn Sie einige Stichworte notieren möchten, nutzen Sie den Platz unten auf dieser Seite.

74 Vergessen Sie Ihren Einkaufszettel!

GEDÄCHTNIS

Emil V. darf heute auf seinem Nachhauseweg drei Dinge nicht vergessen: er muß Wein sowie Toilettenpapier einkaufen und einen Bohrschrauber abholen, den er seinem ältesten Sohn Günter zum Geburtstag schenken will. Raffiniert, wie Emil nun einmal ist, schreibt er sich keinen Zettel - den könnte man ja verbummeln oder vergessen. Statt dessen merkt er sich seine Erledigungen im Kopf. Er ersinnt einfach eine möglichst blöde Geschichte, in der alle Gegenstände vorkommen. Also stellt er sich vor, wie er den Bohrschrauber als Korkenzieher mißbraucht und damit die Flasche Wein öffnet. Dabei gehen natürlich einige Tropfen daneben, die er mit dem Toilettenpapier auftupft. Fertig.

Probieren Sie das doch auch einmal, und denken Sie sich eine Story zum obenstehenden Einkaufszettel aus. Lassen Sie die möglichst grotesken Ereignisse als detailreichen Film vor Ihrem inneren Auge ablaufen. Zur Kontrolle schreiben Sie Ihren Einkaufszettel im *Lösungsteil* auf.

Namen - nur Schall und Rauch?

75

GEDÄCHTNIS

Ein gutes Namensgedächtnis ist viel wert. Jeder freut sich, wenn er mit seinem Namen angesprochen wird. Das schafft eine freundliche Basis für eine gesunde Kommunikation. Und eigentlich ist es ganz einfach!

Sie brauchen sich nur ein Bild vom Namen zu machen. Bei vielen Namen geht das recht leicht. Stellen Sie ihn sich möglichst farbig und detailgetreu vor und verknüpfen Sie ihn mit der Person. Einen Herrn Müller sehen Sie als weißgekleideten Mann, der einen Sack durch das Obergeschoß einer Windmühle schleppt. Frau Sommer tänzelt durch eine grüne Wiese mit bunten Blumen und Schmetterlingen.

Malen Sie sich die folgenden Namen aus, und zeichnen oder notieren Sie anschließend Ihre Assoziationen:

- ❍ Frau Schumacher
- ❍ Frau Pieper
- ❍ Frau Löwe
- ❍ Herr Töpfer
- ❍ Herr Blum
- ❍ Herr Groß

76 Sag mir, wie du heißt ...

GEDÄCHTNIS

Den ersten und schwierigsten Schritt zu einem guten Namensgedächtnis haben Sie schon hinter sich: Sie wissen nun, daß Sie sich ein möglichst detailliertes Bild von ihm machen sollten. Bei manchen Namen scheint das nicht ganz so leicht zu sein. Aber mit ein bißchen Übung wird Ihnen auch das gelingen. Schauen Sie sich den Namen an, sprechen Sie ihn einmal aus. Woran erinnert er sie? Die erste Assoziation ist meistens auch die beste, d.h. einprägsamste. Frau Stöpel klingt so ähnlich wie Stöpsel; stellen Sie sich also vor, wie Sie einen Badewannenstöpsel ziehen. Bei Herrn Dossow denken Sie vielleicht an eine Dose Sauerkraut. Je merkwürdiger Ihre Assoziation ist, je leichter läßt sie sich merken!

Was fällt Ihnen zu diesen Namen ein? Notieren Sie Ihre Bilder.

❍ Frau Eisenhut

❍ Frau Stein

❍ Frau Bonenberger

❍ Herr Horn

❍ Herr Buddelmeyer

❍ Herr Bolz

Wie war Ihr Name noch gleich?

GEDÄCHTNIS

Ute Trautmann
Geschäftsführerin
Hauptstraße 1, 23456 Großstadt
Tel. & Fax 01234 / 5678

Jetzt können Sie sich (fast) jeden Namen bildlich vorstellen. Stürzen wir uns nun in den Alltag: Nehmen wir einmal an, ein neuer Geschäftskontakt beschert Ihnen die Bekanntschaft (zumindest per Telefon und Brief) von drei bislang unbekannten Personen: Frau Trautmann ist die Geschäftsführerin des Unternehmens, Herr Radke der Vertriebschef und Frau Pohl die Sekretärin. Möglicherweise sehen Ihre Eselsbrücken so aus: Frau Trautmann als Chefin kann man trauen, sie steht wie ein Mann zu ihrem Wort. Herr Radke weiß immer Rat, wenn es um den Vertrieb geht. Frau Pohl bildet den ruhenden Pol im Geschäftsalltag.

Prägen Sie sich folgende Namen und Arbeitsbereiche ein, und beantworten Sie dann die Fragen im *Lösungsteil.*

❍ Frau Siebert heißt die neue Auszubildende.

❍ Herr Erkens sorgt für Ordnung und Sauberkeit im Büro.

❍ Herr Sönmez ist der neue Buchhalter.

❍ Frau Richards hält den betriebseigenen Garten in Schuß.

❍ Herr Brinkholm ist mittlerweile Ihr „größter“ Kunde.

78 Sehen und Merken

GEDÄCHTNIS

Eine prima Übung, die zeigt, wie Konzentration und Gedächtnis ineinandergreifen. Nehmen Sie ein Blatt Papier, und decken Sie den unteren Teil dieser Seite ab. Sammeln Sie Ihre Aufmerksamkeit, und schieben Sie das Blatt nach unten, bis der erste Satz sichtbar wird. Richten Sie Ihre Aufmerksamkeit zwei Sekunden lang auf diese Zeile, dann dekken Sie sie wieder ab. (Zwei Sekunden vergehen ziemlich schnell; vielleicht hören Sie auf einen Sekundenzeiger: eins, zwei - zack, weg.) Wiederholen Sie dann auswendig den gelesenen Satz.

❍ Der Mond ist schon vor einer Viertelstunde aufgegangen.

❍ Anna geht mit Thomas, Susanne mit Albert und Uwe mit Udo.

❍ Nein, ich möchte, daß du hierbleibst und die Kirschen pflückst.

❍ Die Kinder bestaunen Zebras, Gnus und Affen.

❍ „Ich möchte zwei Scheiben Emmentaler", sagte Frau Gerigk.

❍ Die Pflastersteine waren aus Granit, Marmor, Latit und Basalt.

❍ Seit zwei Jahren hatten sich die Nachbarn nicht gegrüßt.

Gesicht und Name

79

GEDÄCHTNIS

Ein gutes Personengedächtnis hat man, wenn man ein Gesicht mit einem Namen verbinden kann. Mittlerweile haben Sie sich ein gutes Wahrnehmungsvermögen antrainiert, und Namen sind auch kein Problem mehr für Sie. Jetzt verknüpfen wir beides miteinander. Beispiel: Was fällt Ihnen am Gesicht rechts am meisten auf? Vielleicht ist es der Vollbart von Herrn Schmidt. Dann stellen Sie sich z.B. vor, wie Herr Schmidt als Schmied ein Hufeisen schmiedet, wobei ihm hin und wieder ein Funken in den Vollbart stiebt.

Was finden Sie an diesen Gesichtern besonders bemerkenswert? Verknüpfen Sie dieses Merkmal mit den Namen, und notieren Sie unten Ihre Assoziationen.

Frau Mangold

Herr Brettschneider

Frau Hasreiter

Herr Dobel

80 Der Zehnerschlüssel

GEDÄCHTNIS

Heute stellen wir Ihnen ein Werkzeug vor, das Ihnen für den Rest Ihres Lebens gute Dienste leisten wird: der Zehnerschlüssel. Erfahrungsgemäß lassen sich Zahlen besonders schwer merken, weil es abstrakte Größen sind. Viel leichter wird es, wenn man die Ziffern durch anschauliche Symbole darstellt.

Schauen Sie sich einmal die zehn Bilder unten an, und betrachten Sie die Ziffer, die darin „verborgen" ist. Wetten, daß Sie sich die Symbole fast wie von selbst merken können? Blättern Sie um in den *Lösungsteil* ...

1. Kerze

2. Schwan

3. Dreizack

4. Kleeblatt

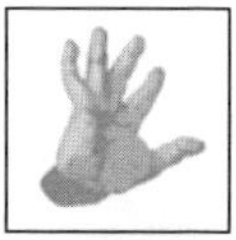
5. Hand

6. Würfel

7.Vorfahrt achten!

8. Sanduhr

9. Schere

10. Löffel und Teller

Telefonnummern merken

Sie erinnern sich an den Zehnerschlüssel? Jetzt wenden wir dieses famose Werkzeug an. Lernen Sie die Telefonnummer des Verlages *Junfermann.* Es ist ganz leicht: Sie verbinden die jeweiligen Zahlensymbole zu einer möglichst absurden und lebhaften Geschichte, wobei Sie zusätzlich als Symbol für die Null ein Ei benutzen:

Stellen Sie sich vor, eine Jungfer und ein Mann tollen auf einer Wiese herum und versuchen vergeblich mit einem Dreizack **(3)**, ein herumirrendes vierblättriges Kleeblatt **(4)** aufzuspießen. Von der Hatz wird ein Ei **(0)** aufgescheucht, das vor Schreck in den Dreizack **(3)** läuft. Das Kleeblatt **(4)** kann in den Wald entkommen.

Schön blöd die Geschichte, was? Aber wirksam. Wie lautet die Telefonnummer des Verlages *Junfermann*?Als „Hausaufgabe“ geben wir Ihnen die Vorwahlnummer auf: *05251.* Was fällt Ihnen dazu ein? (Beispiel siehe *Lösungsteil*)

82 Persönliche Daten

GEDÄCHTNIS

Der Zehnerschlüssel ist Ihnen auch dienlich beim Behalten von Daten aller Art. Gehören Sie z.B. zu der Spezies, die regelmäßig ihren eigenen Hochzeitstag vergißt? Das braucht Ihnen nun nicht mehr zu passieren. Nehmen wir an, Sie wurden am 15. Mai '64 getraut. Wie können Sie sich das merken? Richtig, Sie stellen sich vor, wie Sie am Morgen der Hochzeit feierlich eine Kerze entzünden und Ihre Handschuhe überstreifen, zuerst den linken, dann den rechten. Sie sind überzeugt davon, mit Ihrem oder Ihrer Angebeteten glücklich zu werden, das zeigen Ihnen auch schon die Glückssymbole Sechser-Würfel und vierblättriges Kleeblatt.

Verfahren Sie genauso mit den folgenden Daten:

- ❍ 27.3.'46: Geburtstag Ihres Nachbarn
- ❍ 29. August: Einschulung Ihres Patenkindes
- ❍ 18. Juli: Geburtstag Ihrer Freundin
- ❍ 38 / 40: (kleiner Tip: ihre Oberbekleidungsgröße)

Blättern Sie dann um in den *Lösungsteil*.

Der immerwährende Terminkalender

83

GEDÄCHTNIS

Ein Terminkalender ist ja eigentlich eine ganz nützliche Einrichtung; manche vielbeschäftigten oder vielbegehrten Menschen kommen gar nicht mehr ohne aus. Aber mal ehrlich, ein bißchen lästig ist es doch, immer wieder nachgucken zu müssen: „Ach, zu dumm! Wir können uns leider nicht verabreden - ich habe meinen Terminkalender nicht dabei.“ Oder: „Wo ist noch gleich der Zettel mit dem Zahnarzttermin?!“

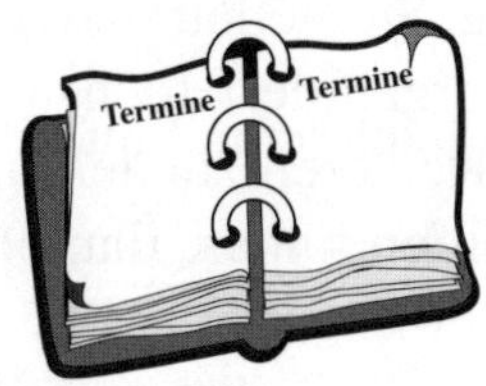

Viel praktischer ist es, wenn Sie unseren Zehnerschlüssel anwenden und Ihre Termine gleich „in Ihr Hirn“ schreiben - dann haben Sie sie immer dabei!

Probieren Sie's einmal mit folgenden Terminen:

❍ 22.4.	19.30 h	Konzert in der Philharmonie
❍ 23.4.	9.15 h	Termin beim Augenarzt
❍ 23.4.	14.30 h	Solarmobil zum TÜV bringen
❍ 25.4.	11.00 h	Besprechung beim Chef
❍ 27.4.	20.00 h	Geburtstagsparty bei Alex
❍ 28.4.	11.30 h	Brunch bei Natascha

Alles gemerkt? Dann blättern Sie um in den *Lösungsteil*!

84 Satz für Satz

GEDÄCHTNIS

Das kennen Sie ja jetzt schon. Decken Sie mit einem Blatt Papier die Sätze unten ab, und blenden Sie nur für jeweils zwei Sekunden einen Satz auf. Können Sie sich dann an den genauen Wortlaut erinnern?

- ❍ Wer hat gesagt, daß er das vielleicht nicht fertigbringt?
- ❍ Jeden Abend setzen sie sich auf ein Glas Rotwein zusammen.
- ❍ Am meisten freute sich seine Tante über seine Fortschritte.
- ❍ Auf dem Beet blühten rosa, lila, blaue und weiße Blumen.
- ❍ „Bringst du das Buch zur Bücherei?“, fragte die Kleine.
- ❍ Versuchen Sie für fünf Minuten, jede Störung fernzuhalten.
- ❍ An der Wand hingen Bilder von van Gogh, Gauguin und Miró.
- ❍ Wenn sie zum Fluß ging, wurde sie innerlich ruhig.
- ❍ Der Hund kläffte, die Katze miaute, und das Ferkel quiekte.
- ❍ Der Junge blickt durch die Toilettenpapierrolle und lacht.
- ❍ Laut schreiend und mit den Armen fuchtelnd, kam er heraus.

GEDÄCHTNIS

Come si chiama? (Wie heißen Sie?)

Sie sind begeistert von Ihrer geistigen Fitneß und belegen erwartungsfreudig einen Italienisch-Kurs. Gleich in der ersten Stunde lernen Sie, wie man sich auf italienisch vorstellt. Sie können gar nicht mehr anders - kaum nennen die Teilnehmer ihre Namen, setzt Ihre Assoziationsbildungs-Maschine ein und verknüpft die Namen mit den Gesichtern. Wetten, daß Sie alle Namen behalten können?

Heinrich Mohr

Ulla Brüning

Gaby Sonntag

Stefanie Döring

Manfred Segers

Beate Laube

Blättern Sie um in den *Lösungsteil.*

86 Magisches Dreieck

LOGISCHES DENKEN

Wie steht es um Ihr logisches Denken? Verteilen Sie die angegebenen Zahlen so auf die leeren Felder, daß die Zahlen in jeder Reihe zusammengerechnet 32 ergeben!

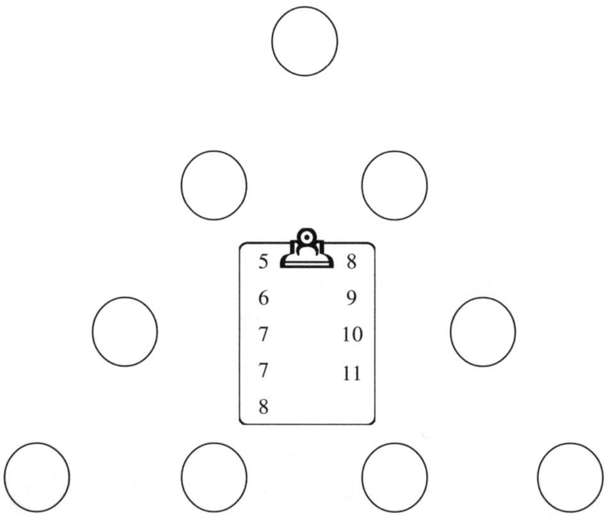

Auflösung im *Lösungsteil*!

Der Seerosenteich

87

LOGISCHES DENKEN

Eine simple Rechenaufgabe stellen wir Ihnen nun. In einen kreisrunden Teich mit einer Wasseroberfläche von neun Quadratmetern wurden vier Seerosen-Pflanzen (Nymphea) gesetzt. Sie scheinen dort gut zu gedeihen, wie man an den zahlreichen Blättern und Blüten sehen kann, dic auf dem Wasser schwimmen. Der Gärtner, der die Teichanlage betreut, bemerkt, daß sich die mit Blättern bedeckte Wasserfläche jeden zweiten Tag verdoppelt. Nach zwanzig Tagen bedecken die Blätter den gesamten Teich.

Wieviel Fläche haben sie nach achtzehn Tagen bedeckt?

Ihre Lösung: .... qm

Das richtige Ergebnis finden Sie im *Lösungsteil.*

88 Vier Mann in einem Boot?

LOGISCHES DENKEN

Sie machen mit Ihrer Freundin eine Tageswanderung an der Lahn. Sie sind schon reichlich müde, da stellen Sie mit einem Blick auf die Karte fest, daß Ihr Ziel auf der anderen Flußseite liegt und keine Brücke weit und breit in Sicht ist. Die Stimmung sinkt, doch da bemerken Sie am Ufer zwei Jungs, die sich mit einem Boot vergnügen. Allerdings ist die Bezeichnung „Boot“ schon fast übertrieben - ein Bötchen ist's, in das höchstens ein Erwachsener oder die beiden Kids hineinpassen.

Doch die Jungs sind begeistert bei der Sache und arbeiten flugs einen „Fährplan“ aus.

Wie werden Sie über den Fluß gebracht? (siehe *Lösungsteil*)

Neun auf einen Streich

LOGISCHES DENKEN

Verbinden Sie mit vier geraden Strichen alle neun Schneemänner, ohne den Stift vom Papier zu heben. (Schummeln gilt nicht: Ihre Kugelschreibermine darf nicht versenkt werden!)

Auflösung im *Lösungsteil*.

90 Mal weniger und durch

LOGISCHES DENKEN

Lassen Sie sich nicht durch die Überschrift verwirren - sie ergibt in der Tat keinen tieferen Sinn; es geht lediglich um die vier Grundrechenarten: Addition (und), Subtraktion (weniger), Multiplikation (mal) und Division (durch).

Ihre Aufgabe lautet nämlich: Setzen Sie zwischen den Zahlen der folgenden Reihe jeweils eines der Rechenzeichen +, -, x oder :, damit das Ergebnis (siehe *Lösungsteil*) stimmt. Und denken Sie bitte daran: Punktrechnung geht vor Strichrechnung!

6 3 5 2 4 2 = 0

Bonn - Berlin

LOGISCHES DENKEN

Regelmäßig werden die Mitglieder des Bundestages von Bonn nach Berlin und zurück gekarrt - per Non-Stop-Sonderzug der Deutschen Bahn.

Nehmen wir einmal an, daß um 19 Uhr sowohl in Bonn-Bad Godesberg ein Sonderzug nach Berlin abfährt als auch in Berlin der entsprechende „Gegenzug“. Die Geschwindigkeit beider Züge beträgt normalerweise 160 Stundenkilometer. Doch aus unerfindlichen Gründen fährt der Bonner Abgeordneten-Expreß heute lediglich 120 Stundenkilometer schnell.

Welchen Abstand haben die Züge eine Stunde vor ihrer Begegnung? (siehe *Lösungsteil*)

92 Auf dem Spielplatz

LOGISCHES DENKEN

Vier Rabauken toben auf dem Spielplatz herum, belagern die Rutsche, vergraben ihre Sandschippen und werfen sich gegenseitig von der Wippe. Die beiden Mütter unterhalten sich auf der Bank, immer ein Auge auf die jeweiligen Sprößlinge gerichtet. Ihr Gesprächsthema? Männer natürlich und - wie soll's anders sein? - die Kinder.

Hin und wieder schnappen Sie Brocken des Gesprächs auf. In einer halben Stunde haben Sie folgende Altersangaben gesammelt:

Ralf ist älter als Tom. Tom ist jünger als Frank. Frank ist älter als Bernd. Bernd ist jünger als Ralf und älter als Tom. Ralf ist älter als Frank.

Na, in welcher Reihenfolge wurden die Kids geboren? (siehe *Lösungsteil*)

Großvaters Uhr

93

LOGISCHES DENKEN

Im Wohnzimmer - der ehemals guten Stube - steht das Prunkstück, das jede volle Stunde mit etwas dumpf tönenden Schlägen anzeigt.

Eines Abends um sechs Uhr messen Sie mit Ihrer digitalen quartzgesteuerten Armbanduhr die Zeit, die vom ersten bis zum sechsten Schlag verstreicht; es sind auf den Schlag 30 Sekunden.

Wenn Großvaters Uhr für die sechs Schläge 30 Sekunden braucht, wieviel Zeit vergeht dann während der zwölf Schläge zu Mittag oder zu Mitternacht?

Die Uhr benötigt für die zwölf Schläge ☐ Sekunden.

Auflösung im *Lösungsteil*.

94 Dreiecke

LOGISCHES DENKEN

Wie viele Dreiecke sind in dieser Figur enthalten?

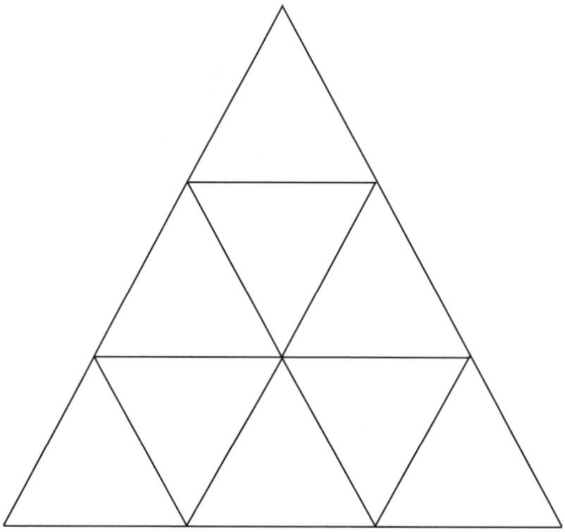

Lösung:

Ob Sie richtig gezählt haben, erfahren Sie im *Lösungsteil*.

Kommt ein Vöglein geflogen ...

95

LOGISCHES DENKEN

Zwei Radrennfahrer begannen ihr Training zur gleichen Zeit auf der gleichen Straße, nur in entgegengesetzter Richtung. Beide radelten mit gleichbleibend 30 Stundenkilometern aufeinander zu. Als sie noch 120 Kilometer voneinander entfernt waren, wurde ein Vogel auf das Treiben aufmerksam. Neugierig setzte er sich auf die Schulter des einen Radfahrers, um wenig später wieder loszufliegen und dem anderen Radler entgegenzueilen. Bei ihm verweilte er ebenfalls nicht lange, er kehrte unverzüglich wieder zu seinem ersten Gastgeber zurück. So pendelte er mit 60 Stundenkilometern zwischen den beiden Radrennfahrern hin und her, bis diese sich trafen. Dann ruhte er sich erst einmal aus, schließlich hatte er eine lange Reise hinter sich.

96 Kleine Wein-Panscherei

Ein altes Rätsel, an dem sich schon viele Menschen die Zähne ausgebissen haben.

Vor Ihnen stehen zwei Gläser; eines ist gefüllt mit köstlichem Rotwein, das andere mit klarem Wasser. Nehmen Sie an, Sie schöpfen einen Löffel Rotwein und entleeren ihn in das Wasserglas. Dann rühren Sie kräftig um, entnehmen einen Löffel dieser Wasser-Wein-Mischung und mengen sie in das Rotweinglas.

Befindet sich nun mehr Wasser im Rotweinglas oder mehr Rotwein im Wasserglas? (siehe *Lösungsteil*)

Muscheln im Sand

LOGISCHES DENKEN

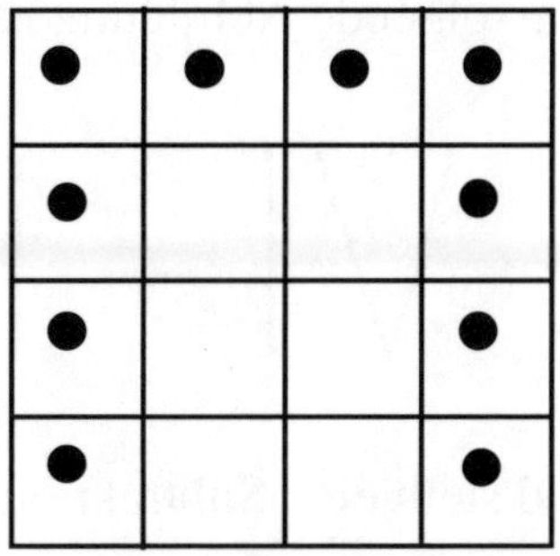

Sie sitzen am Strand (im Schatten natürlich!) und bauen mit Ihren Kindern eine tolle Murmelburg, als Ihre Tochter mit einigen Muschelschalen angerannt kommt, mit flinkem Finger ein Muster durch den Sand zieht und ihre Schätze aus dem Meer darauf plaziert.

„So“, sagt sie. „Jetzt verteil die Muscheln so auf die Felder, daß in zwei Reihen jeweils vier Muscheln sind und in sechs Reihen zwei. Du hast fünf Minuten Zeit!“

Wie würden Sie die Muscheln legen? (siehe *Lösungsteil*)

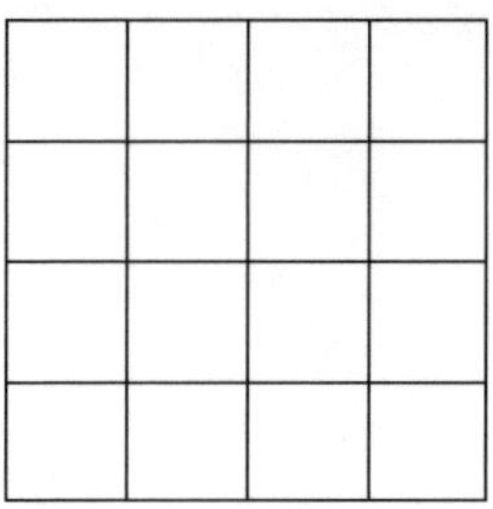

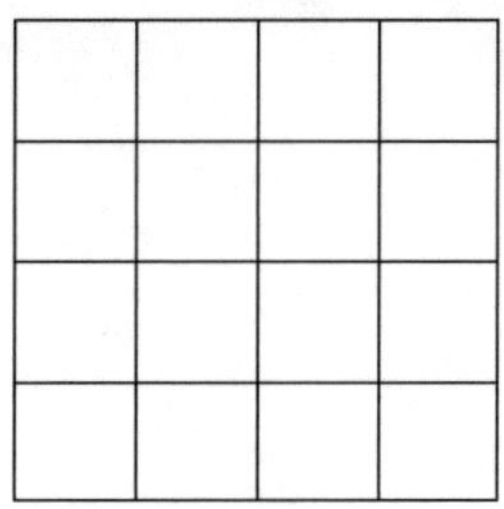

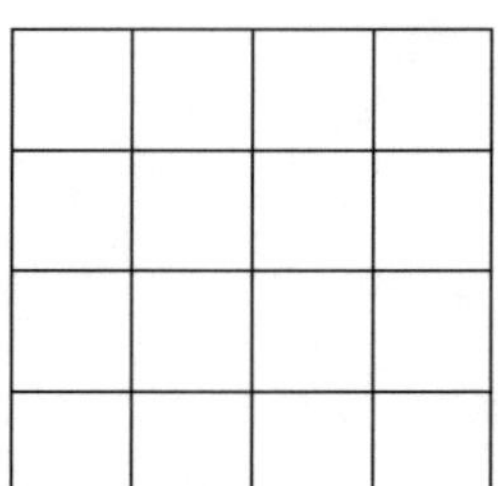

98 Verschiebung

LOGISCHES DENKEN

Die folgende Abbildung zeigt zwölf kleine Stäbchen

und stellt eine Subtraktionsaufgabe dar:

6 - 4 = 9.

Korrigieren Sie die Aufgabe, indem Sie ein Stäbchen verschieben! Ihre Lösung können Sie im *Lösungsteil* überprüfen.

Es fehlt was

99

LOGISCHES DENKEN

Ergänzen Sie in dem Schaubild das noch fehlende Symbol!
Alles ganz logisch ...

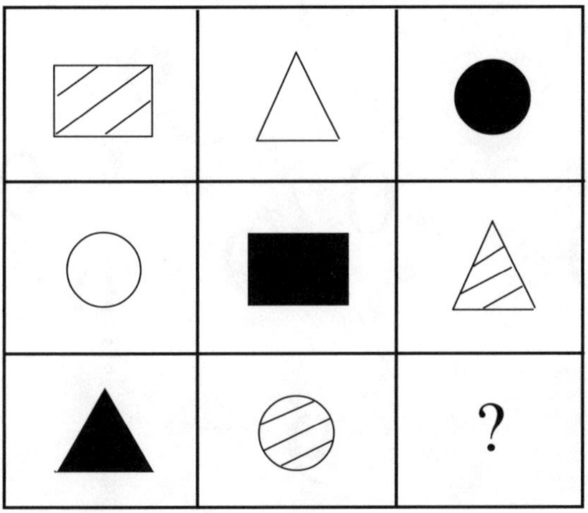

Oder doch nicht? (siehe *Lösungsteil*)

100 Hundert und neun

LOGISCHES DENKEN

Können Sie die Zahl 100 durch sechs Neunen ausdrücken?

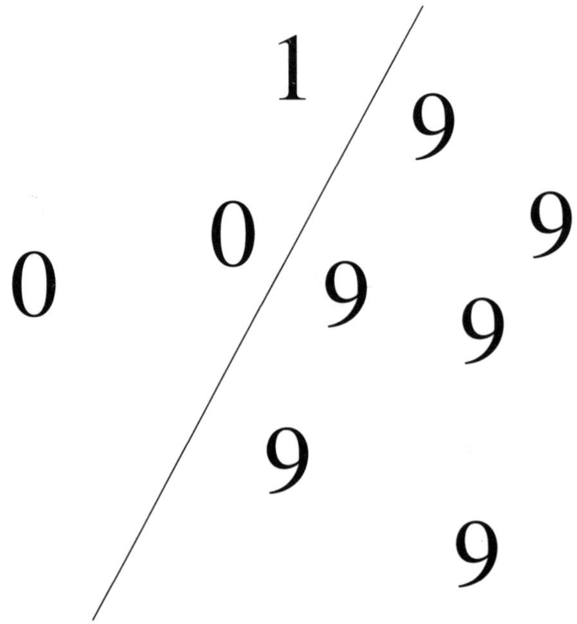

Auflösung im *Lösungsteil*!

LOGISCHES DENKEN

An der Reihe

Bestimmen Sie die nächste Zahl in den folgenden Reihen:

1, 6, 11,	16
2, 4, 5, 10, 8,	
256, 64, 16, 4,	
2, 3, 5, 7, 11,	

Auflösung im *Lösungsteil*!

102 Eine Frage der Socken

LOGISCHES DENKEN

Sie haben fünf braune und sieben blaue Socken in Ihrer Schublade. Wie viele müssen Sie herausnehmen, um mit Sicherheit zwei gleichfarbige zu haben?

Alles klar? (siehe *Lösungsteil*)

Konzentrationstest: Verrücktes Rechnen

103

KONZENTRATION

Eine Übung, die nicht nur Ihre Konzentration, sondern auch Flexibilität erfordert. Wir haben nämlich die Zeichen der Grundrechnungsarten verdreht, und zwar bedeutet jetzt:

:	=>	subtrahieren	-	=>	multiplizieren
x	=>	addieren	+	=>	dividieren

Schaffen Sie die Aufgaben in einer Minute?

9 x 2 =	9 + 3 =
14 + 7 =	8 x 9 =
7 : 3 =	27 + 9 =
6 - 4 =	6 - 2 =
19 : 7 =	20 : 11 =
12 + 3 =	15 + 5 =
8 + 7 =	16 x 7 =
17 : 9 =	4 : 3 =
4 - 5 =	5 - 7 =
19 : 3 =	3 - 6 =

Die richtigen Ergebnisse finden Sie im *Lösungsteil*.

104 Haken schlagen

KONZENTRATION

Lassen Sie jetzt Ihre Augen ganz bewußt Haken schlagen - verfolgen Sie die Linie vom Anfang bis zum Ende und wieder rückwärts. Wiederholen Sie diese Übung, solange es Ihnen angenehm ist. Wenn Sie also bemerken, daß Sie verkrampfen, hören Sie auf.

Machen Sie diese Übung regelmäßig, immer schneller und länger. Auf diese Weise erhöhen Sie Ihre Lesegeschwindigkeit und beugen Ermüdungserscheinungen Ihrer Augen vor.

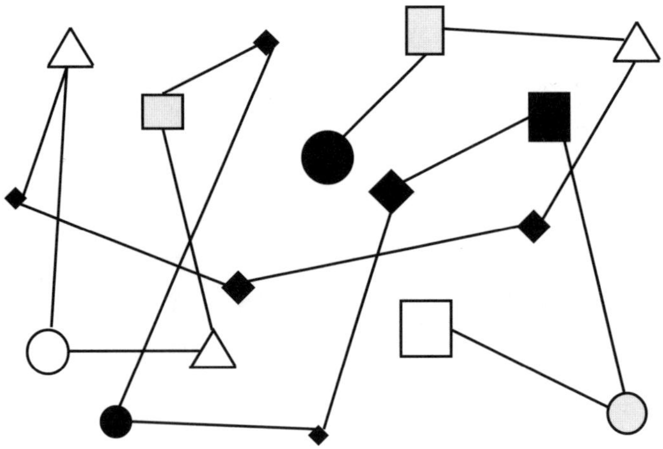

Platz zum Notieren Ihrer Trainingsfortschritte finden Sie im *Lösungsteil.*

KONZENTRATION

Bleiwüste

Jetzt gilt es, ganz flink die Buchstaben durchzugehen. Ihre neue Aufgabe: Zählen Sie, wie oft das „b“ in dieser Bleiwüste vorkommt. Und damit das nicht zu einfach wird, haben wir ein kleines Handicap eingebaut - benutzen Sie bitte keinerlei Hilfsmittel außer Ihre zehn Finger!

lm	vbn	ktue	oiuet	nvhuti	vnehriq	vntzehwj
fh	gjw	ivow	blriw	fjwurh	skrujei	cnbjkueh
sl	nch	cbeu	kslfj	chbuq	cjziipo	sdqrwtrz
kj	xbg	jsbc	uruto	lxrufl	suwtqre	ljotufhw
eu	kfj	xhdf	hwzqt	szazvu	jtiuojp	xheztutj
vj	miz	yret	atfku	övivuz	bchrzri	sjruziov
mw	jsh	wrez	cbfhr	orusgf	ljeusge	svcbyndh
vh	fkj	adq	srefc	fkbhwi	kalwitu	xkflgiwo
fk	cmd	yxas	üpäök	qidhvb	cgdhez	wirutzew
xk	pow	iads	cbdns	yfsrwt	rzziopq	aesrdqwu
si	you	cjfh	qorit	xbchdj	agqzetr	ymkljöpo
ch	yxc	kgjn	dhvbg	ezwtre	ouihjkg	szchrtqo
po	lkj	ifjb	cgrhe	sgdteu	xjziruj	skgfltöe
lp	dhz	ster	ycsfr	wtrzel	cbghrze	shajxzet
vh	loi	rzet	shfgw	iwuzta	qptrifj	fdktiobn
fh	sbt	iuzt	xvcgr	yjfhze	akfitow	ptogkbm
st	odl	xiet	öglbk	cjguti	yhfjekw	cbdnerjt

Ob Sie richtig gezählt haben, erfahren Sie im *Lösungsteil*.

106 Tutti Frutti

KONZENTRATION

Dieser Obstsalat stellt Ihre Geduld auf die Probe! Wie viele Äpfel, Birnen und Kirschen können Sie erkennen? (Nein, einen Stift dürfen Sie leider nicht benutzen ...)

Das richtige Ergebnis finden Sie im *Lösungsteil*.

KONZENTRATION

Kopfrechnen 107

Sind Sie gut im Kopfrechnen? Keine Angst, bei uns brauchen Sie heute nur bis elf zählen zu können. Trotzdem hat es die Übung in sich!

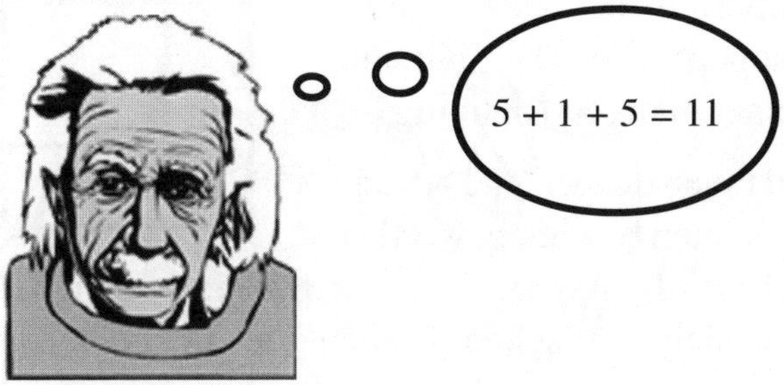

Unterstreichen Sie jeweils drei aufeinanderfolgende Zahlen, deren Summe elf ergibt. Und das Ganze bitte, so schnell es geht! Und schauen Sie dann in den *Lösungsteil* ...

7 5 1 5 4 2 6 3 2 4 7 1 9 1 9 6 4 6 1 6 8 2 1 7 3 5 3 7 2

108 Der Neckersche Würfel

KONZENTRATION

Betrachten Sie in aller Ruhe die Zeichnung des Würfels. Automatisch erscheint er Ihnen in einer ganz bestimmten Perspektive.

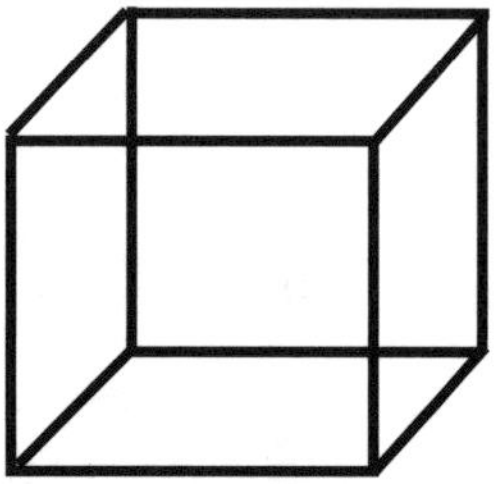

Nach einiger Zeit beginnt die Orientierung des Würfels „umzuklappen“. Sie sehen ihn nun aus einer anderen Richtung.

Wenn Ihnen die beiden Darstellungssichten bewußt geworden sind, beeinflussen Sie ihren Wechsel ganz gezielt. Orientieren Sie sich an Flächen, Kanten oder Ecken der Figur.

„Kippen“ Sie möglichst rhythmisch den Würfel zwanzigmal hin und her.

Wenn Sie diese Übung regelmäßig wiederholen, steigern Sie damit nicht nur Ihre Konzentration bezüglich räumlicher Vorstellungen, sondern auch Ihre Fähigkeit, von einem Sachgebiet zu einem anderen umzuschalten.

Vom BON zum HUT 109

KONZENTRATION

Buchstabenverschiebung heißt die Methode, mit der diese Verwandlung gelingt. Und so funktioniert sie:

Verschieben Sie jeden Buchstaben des Wortes BON um sechs Positionen weiter im Alphabet. Dann wird

B zu H (C-D-E-F-G-H)

O zu U

und N zu T.

Versuchen Sie es nun selbst! Verschieben Sie die Buchstaben des Wortes DANN um vier Positionen nach vorn. Was kommt dabei heraus? (siehe *Lösungsteil*)

DANN ➡ ☐

110 Spiegel-Linien 1

KONZENTRATION

Eine Übung, die neben der Konzentration auch die visuelle Wahrnehmung schärft. Zeichnen Sie ein möglichst genaues Spiegelbild der vorgegebenen Linien.

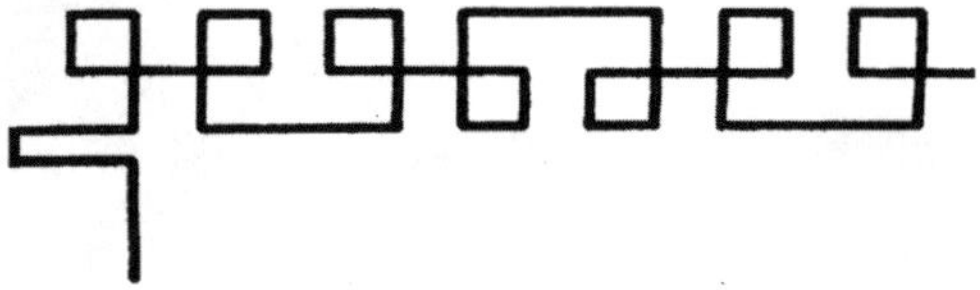

Mißlungen? Eine weitere Chance erhalten Sie im *Lösungsteil*!

Das Murmel-ABC

111

KONZENTRATION

Heute finden Sie in den Kreisen unten das komplette deutsche Alphabet versteckt. Suchen Sie bitte jeden Buchstaben von A bis Z, und zwar so schnell wie möglich!

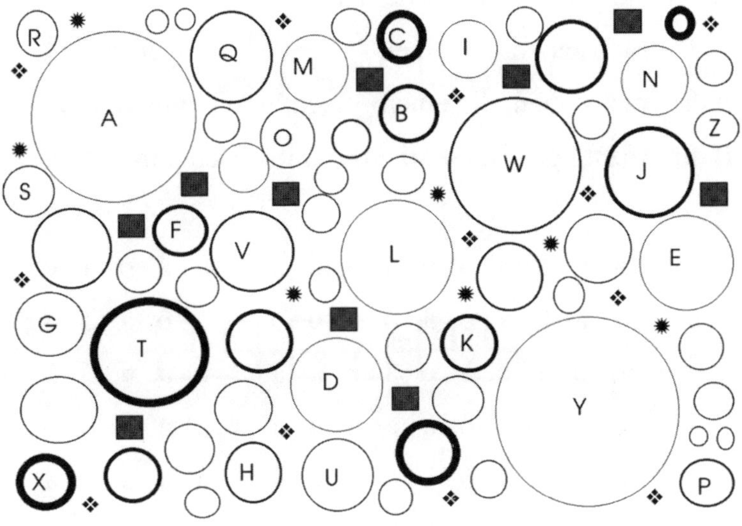

112 Die kleinen Zeichen

KONZENTRATION

Dies ist eine Mehrweg-Übung für Ihre Reaktionsgeschwindigkeit. Zählen Sie (ohne Stift, nur mit Ihren Augen):

a) die Buchstaben, die einen Accent circonflexe tragen (also das kleine Dach, z.B. auf dem â),

b) die Buchstaben, die einen Accent aigu tragen, z.B. á,

c) die Buchstaben, die einen Accent grave tragen, z.B. à,

d) die Anzahl des Buchstabens o mit Accent circonflexe.

a ô à o â a ó o à â o a o a á o a o

o ô á à â á ò â ó â o o á à ô â a á

o á ò o â ó à o â á à â â o a a ó â

á à ô o a â ó à a â a á o a a á o o

â á ò o a â ò à ó à ô ô á à a â ó a

á ô á o á à a â á o o à â o â á ò o

o â a â á ò â ô â o a â ó à o â a o

a â

Ihre Lösung: a) ☐ b) ☐ c) ☐ d) ☐

Richtig gezählt? (siehe *Lösungsteil*)

Ansichten und Einsichten

113

KONZENTRATION

Heute finden Sie hier drei Aussprüche von berühmten Männern zum Wesen der Welt. Um das Lesen spannender zu gestalten, haben wir die Worte spiegelverkehrt abgedruckt. Lesen Sie bitte laut und kontinuierlich vor (ohne Spiegel natürlich!):

Es gibt einige Dinge,
die so ernst sind,
daß man über sie lachen muß.

Niels Bohr

Das unbegreifbarste an der Welt ist,
daß sie begreifbar ist.

Albert Einstein

Jeder will die Menschheit ändern,
aber keiner will sich selbst ändern.

Leo Tolstoi

Gut erkannt? Überprüfen Sie es im *Lösungsteil*!

114 Die Kerzenflamme

KONZENTRATION

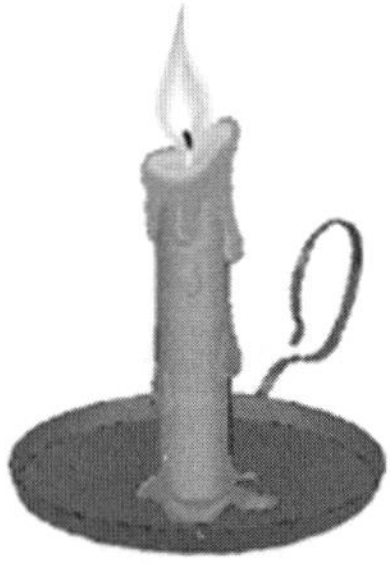

Eine der schönsten Grundübungen zur Konzentration, die Sie sicher schon einmal unbewußt gemacht haben.

Zünden Sie in einem dunklen Zimmer eine Kerze an. Setzen Sie sich im Abstand von 30 bis 50 cm davor. Atmen Sie dreimal tief aus und ein, und entspannen Sie sich.

Ruhen Sie sich aus, und betrachten Sie nur die Kerzenflamme. Konzentrieren Sie sich auf die Farbe, die Umrisse, das Flackern. Jeder andere Gedanke ist nebensächlich. Nur die Flamme ist wichtig.

Wenn es Sie nicht in Ihrer Muße stört, messen Sie einmal die Zeit, in der nur die Kerzenflamme Ihr Bewußtsein füllt. Freuen Sie sich darauf, daß Sie nach einiger Übung vor der Flamme zehn Minuten in ruhender Konzentration verbringen können.

Tag	Ihre Bestleistung	Tag	Ihre Bestleistung

115

Die Koralleninsel

KONZENTRATION

Sie sind der Steuermann oder die Steuerfrau eines prächtigen Segelschiffes. Ein Korallenriff ist Ihr Ziel - eine paradiesische Insel in einem tropischen Meer. Die herrliche Landschaft erweist sich für ein Schiff jedoch als überaus tükkisch: zahlreiche Untiefen umsäumen die Insel. Einzige Hilfestellung bei der Suche nach einer schiffbaren Strecke ist die dürftige Skizze des Atolls - eine Leihgabe eines Schifffahrtsmuseums. Welche Route schlagen Sie ein? (Auf der Skizze herumkritzeln dürfen Sie natürlich nicht!)

Die richtige Route finden Sie im *Lösungsteil.*

116 Quersumme

KONZENTRATION

Im Kopf zu addieren, ist sicher nicht jedermanns Sache. Aber es ist schon ganz praktisch, wenn Sie beim Einkaufen die Preise zusammenrechnen können. Gut erlernen läßt sich diese Kunst durch das Bestimmen von Quersummen. Probieren Sie es einmal mit folgenden zehnstelligen Zahlen, indem Sie einfach die Summen all ihrer Ziffern bilden:

9834526785	○	7392763854	○
6492535785	○	4564879536	○
3726387947	○	9432896795	○
3859749269	○	9457673827	○
8235493867	○	4692793583	○
2927485326	○	6594825374	○

Richtig quergerechnet? (siehe *Lösungsteil*)

Spiegel-Linien 2

KONZENTRATION

Von Muster kann da keine Rede mehr sein - oder ist es ein barocker Pflanzkübel? Zeichnen Sie die unregelmäßigen Linien spiegelbildlich nach. Wenn Sie langsam, aber stetig arbeiten, wird Ihnen auch diese Aufgabe gelingen (siehe *Lösungsteil*).

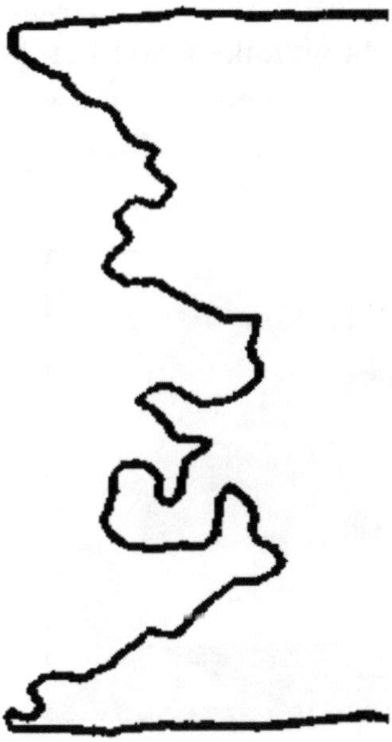

118 Heimweg

KONZENTRATION

Gehen Sie in Gedanken den Weg von einer oft besuchten Stätte - z.B. Ihrem Arbeitsplatz oder Ihrem Einkaufszentrum - nach Hause. Achten Sie dabei auf die markanten Punkte Ihrer Strecke: Haltestellen, Ampeln, Straßenkreuzungen, Geschäfte, öffentliche Gebäude, bemerkenswerte Häuser, Hinweisschilder usw.

Wichtig ist, daß Sie innerlich stetig weiterschreiten. Hasten Sie nicht durch eine Etappe, verharren Sie nicht an bestimmten Stellen, lassen Sie sich nicht ablenken, sondern gehen Sie in gleichbleibender Geschwindigkeit weiter, bis Sie zu Hause angelangt sind.

KONZENTRATION

Wirrwarr

Für diese Aufgabe brauchen Sie eine ganz ordentliche Portion Geduld, das heißt in diesem Fall Selbstüberwindung und Konzentration. Welche Punkte sind durch die Linien miteinander verbunden (siehe *Lösungsteil*)?

Lösung:

Lösungsteil

1 Ihre Kreativität!

Geben Sie sich für jedes Quadrat, das Sie in dieser kurzen Zeit ausgefüllt haben, einen Punkt. Zusätzlich erhalten Sie für jedes Quadrat, das eine neue Grundidee beinhaltet, zwei weitere Punkte.

Beispiel: Nehmen wir an, Sie wären von alleine auf die Idee „Fenster" gekommen. Dieser Einfall bringt Ihnen drei Punkte. Für jede weitere Fenster-Variante (einmal mit Blümchengardine und einmal mit Rolladen) kassieren Sie folglich nur jeweils einen Punkt. Alles klar? Dann zählen Sie Ihre Punkte zusammen.

Ihre Punkte:

22 Weitere Übungen: Ausgleichsgymnastik für den Schulterbereich

1. Kopfdrehen und -senken:

Drehen Sie Ihren Kopf nach rechts und senken Sie ihn, soweit es geht. Bleiben Sie einige Sekunden so, dann heben Sie ihn langsam wieder, drehen ihn in die Mitte und wiederholen die Übung zur anderen Seite.

2. Kopfdrehen zur Seite:

Drehen Sie Ihren Kopf nach links, und versuchen Sie, über Ihre Schulter zu schauen. Verbleiben Sie so einige Sekunden lang, und wiederholen Sie die Übung zur rechten Seite.

24 Hintergrundinfos: Mein Arm ist schwer

Autogenes Training, die Methode der konzentrierten Selbstentspannung, wurde 1932 erstmals vom Berliner Nervenarzt J.H. Schultz publiziert. Seitdem hat sie schon Millionen Menschen dazu verholfen, ihr psychisches und physisches Befinden selbst positiv zu beeinflussen.

Wir können und wollen Ihnen hier keinen Kurs in diese wirksame Methode der Autosuggestion bieten. An sich ist sie eine ärztliche Behandlungsmethode und sollte mit Ihrem Arzt abgesprochen werden.

Aber wir möchten Ihnen einige unbedenkliche Übungen vorstellen, die Ihnen vermitteln, was Autogenes Training eigentlich ist. Und wenn Sie merken, daß diese Übungen Ihnen guttun, dann melden Sie sich doch flugs für einen der Kurse an, die Volkshochschulen und Krankenkassen preiswert oder sogar kostenlos anbieten.

25 Mein ganzer Körper ist schwer

Wenn Sie möchten, können Sie unsere Übungen auch auf einem Stuhl oder einem Hocker durchführen. Das empfiehlt sich sogar, denn am häufigsten braucht man eine kleine Zwischendurchentspannung ja gerade dann und dort, wo einem kein bequemes Bett zur Verfügung steht.

Setzen Sie sich also möglichst behaglich auf einen Stuhl, und stellen Sie Ihre Füße mit der ganzen flachen Sohle auf dem Boden auf. Die Beine dürfen dabei ruhig leicht gespreizt sein, so wie es Ihnen bequem ist. Lassen Sie nun die Schultern fallen, und legen Sie die Hände ruhig auf Ihre Oberschenkel. Probieren Sie es auch einmal, die Hände zwischen den gespreizten Knien hängen zu lassen. Vielleicht ist Ihnen diese „Kutschersitzhaltung" angenehmer.

So, und in dieser Stellung können Sie jetzt die gewohnten Übungen „durchziehen".

27 Es atmet mich

Das klassische Autogene Training wird nun u.a. fortgesetzt mit Übungen, die den Herzschlag und die Durchblutung des Sonnengeflechts beeinflussen. Wir möchten es jedoch bei unseren drei Grundübungen belassen. Erstens halten wir es für sinnvoll, Sie weitere Übungen bei Bedarf unter persönlicher Anleitung lernen zu lassen. Zweitens meinen wir, Sie haben nun genug am Autogenen Training geschnuppert. Wenn Sie also merken, das ist etwas für Sie, dann scheuen Sie sich nicht, einen Kurs zu belegen.

In diesem Buch möchten wir Ihnen aber auch einige Anwendungen des Autogenen Trainings vorstellen, die auch für Ihre Persönlichkeitsentwicklung von Nutzen sein werden. Lassen Sie sich überraschen!

29 Zusatzinfo: Blauer Himmel

Die wohltuende Wirkung von Farben auf Körper und Seele wird in vielerlei Übungen genutzt. Besonders angenehm sind diese Farbreisen, wenn

Sie die Möglichkeit haben, sich entspannt hinzulegen und einer Stimme zu folgen. Wenn Sie also das Gefühl haben, daß diese Entspannungsmethode etwas für Sie ist, besorgen Sie sich doch eine der zahlreichen Toncassetten oder CDs zu diesem Thema. Sie wissen ja, wir können Ihnen hier nur ein wenig Appetit machen!

35 Testen Sie Ihr Vorstellungsvermögen

Von links nach rechts lautet die korrekte Reihenfolge der Bälle: grün - braun - rot - gelb - blau.

Wie lange haben Sie gebraucht, um die Lösung zu finden?

38 Würfel

Würfel 1 wurde nicht aus der Vorlage konstruiert.

39 Stein auf Stein

a) 35 b) 56

40 Gewohnheitssachen ...

1. Es ist die Ziffer 3.
2. Bücher haben ihre geraden Seitenzahlen auf der linken Seite.
3. Auf der Vorderseite des 10 DM-Scheines ist der Mathematiker Carl-Friedrich Gauß abgebildet; auf der Rückseite des 20 DM-Scheines befindet sich eine Schreibfeder.
4. Das Wasser im Waschbecken fließt auf der Nordhalbkugel im Uhrzeigersinn ab.
5. Ein gewöhnlicher Bleistift hat sechs Seiten.

6. Die Summe beträgt stets sieben.
7. Es ist der weiße Läufer.
8. Die Arme schwingen entgegen dem Laufrhythmus der Beine.

43 Würfelkonstruktionen

Die Vorlagen a), c) und d) passen nicht zu dem Würfel.

44 Papierdeckchen

Es ist das Muster ganz rechts außen!

47 Augenfällig ...

Der Apfel fällt nicht weit vom Stamm

Eine von Bernhard Shaw sehr begeisterte Filmschauspielerin ließ dem Schriftsteller einen Brief zukommen: „Ich biete Ihnen meine Hand und mein Herz an. Stellen Sie sich doch unsere Kinder vor, wenn sie meine Schönheit und Ihre Intelligenz erben!" Shaws kurze Antwort: „Madame, ich muß Ihren Antrag zurückweisen. Es kann ja doch passieren, daß die Kinder so schön wie ich und so klug wie Sie werden!"

48 Blöcke

Die Figur besteht aus 53 Blöcken.

51 Spitzenmuster

Es ist das Muster ganz rechts außen!

52 Scrabble „Tennisball“

Beispielsweise:

BALL BEIL BIS BIT BEIN BEI BIN BLEI BIST

EI EIN ES EINS EIS

IN INS IST INSEL

LISTE LIST LAST LINSE

NEIN NIE NEST NA NISTEN NASE

SEIN SEIL SEIT SET SIE SEI

TEIL TAL TENNIS

53 Maße und Gewichte

von geringer Breite	=	*schmal*
sich erstreckend	=	*lang*
von großem Gewicht	=	*schwer*
mit hoher Geschwindigkeit	=	*schnell*
sich nach unten ausdehnend	=	*tief*
von geringem Gewicht	=	*leicht*
lange Zeit benötigend	=	*langsam*
von beträchtlichem Umfang	=	*dick*

54 Buchstabenwirrwarr

Beispielsweise:

hnr	=	Za**hnr**ad
ftw	=	Kra**ftw**agen
olo	=	Bi**olo**gie

tna	=	Vie**tna**m
nfi	=	Sonne**nfi**nsternis
tob	=	Au**tob**ahn
rgb	=	Be**rgb**au
tpf	=	For**tpf**lanzung
ych	=	Ps**ych**ologie
orr	=	Mot**orr**ad

55 Da gehen Ihnen die Augen auf ...

Nur zur Anregung:

- ❍ ganz Auge und Ohr sein
- ❍ da gehen einem die Augen über
- ❍ die Augen sind größer als der Magen
- ❍ da bleibt kein Auge trocken
- ❍ seine Augen brechen
- ❍ seinen Augen nicht trauen
- ❍ große Augen machen
- ❍ er macht ihr schöne Augen
- ❍ die Augen aufsperren, auftun
- ❍ die Augen offenhalten
- ❍ die Augen vor etwas verschließen
- ❍ ein Auge / beide Augen zudrücken

56 Sprichwörtliches

„Jedes Erwachen ist für uns wie eine neue Geburt."

(Sigmund Freud, Psychologe)

„Ein ruhiger Geist heilt alles."
(Robert Burton, Philosoph)

„Phantasie ist wichtiger als Wissen."
(Albert Einstein, Physiker)

„Dem Verständigen ist ein Wort genug."
(Titus Plautus, Dichter)

57 Wahlverwandtschaften

B	A	U	E	R
M	A	U	E	R
M	A	G	E	R
M	A	G	E	N
W	A	G	E	N

58 Korrekturen

So sehen die korrigierten Wörter aus:

Alaska	Bezirk
Zement	Magnet
Benzin	Distel
Parole	Reflex
Devise	Delphi
Okular	Morgen
Teller	Mutter

Artist	Schwester
Winter	Lügner
Sommer	Herbst
Kupfer	Silber
Zucker	Ventil
Banane	Akkord
Verbot	Pfeife
Rätsel	Wahnsinn

59 Kladderadatsch

Einige Anregungen:

Klabautermann	Klafter
klacks!	Klage
Kladde	klaglos
klaffen	Klamauk

60 Gehen

Nur zur Anregung:

...trotten, trippeln, schleichen, stolzieren, schreiten, marschieren, wandern, spazierengehen, flanieren, tippeln, humpeln, hinken, wandeln, stapfen, schlurfen, trampeln, sich schleppen, latschen, watscheln, waten, tigern, staksen, zocken, zuckeln, laufen, wetzen, rennen, hasten, rasen, sausen, preschen, spurten, sprinten, traben, eilen, pesen, wieseln, wuseln, fliegen, ...

61 Wie der Anfang, so das Ende

Einige Anregungen:

DREHEND	EICHE
ECHSE	ERDBEERE

NEIN	TOT
REITER	LÖFFEL
HORCH	NIESEN
KAJAK	HORCH

62 Richtungen und Orte

ringsherum	auf
hinten	zwischen
oben	zurück

63 Scrabble „Wäscheleine"

WEIN WÄSCHE WEICH WEILE WIE WEIL WELCHE

EI EIN EICHE ESCHE EIS EINE ES EINS EISEN ESEL

LEINE LEICHE LEISE LIES

SEIN SCHEIN SEI SIE SCHEINE SEIL SCHIENE

IN INSEL INS

NIL NEIN NIE

CHINESE

HEIL HEILEN

64 Buchstabenmix ...

Ihre Lösungen könnten zum Beispiel so aussehen:

Spee**rwu**rf	Py**ram**ide
Za**hnb**ürste	Pa**rfü**m
Nat**urs**chutz	**Orch**ester
W**aage**	Gol**dha**mster
Aq**uar**ium	Ex**ped**ition

65 Geht Ihnen das unter die Haut?

Nur zur Anregung:

- ❍ Haut und Knochen sein
- ❍ seine Haut zu Markte tragen
- ❍ seine Haut so teuer wie möglich verkaufen
- ❍ sich seiner Haut wehren
- ❍ auf der faulen Haut liegen
- ❍ aus der Haut fahren
- ❍ nicht aus seiner Haut herauskönnen
- ❍ sie fühlt sich nicht wohl in ihrer Haut
- ❍ ich möchte nicht in seiner Haut stecken
- ❍ mit heiler Haut davonkommen
- ❍ mit Haut und Haar

66 Korrekturen

So sehen die korrigierten Wörter aus:

Demonstrant, auserkoren, Dromedar, falsch, Palette oder Bulette, Plagegeist, fröhlich, Ritter, Schwebebahn, stabil, handeln, Nudel, Katalog, Assistent, auswringen, allgemein, jubeln, demnächst, links, Palme, Revolver, gerade, Banane, quietschen, Kaiser, pendeln, Humbug, erbarmen, honiggelb, kurzärmelig

67 Stadt - Land - Fluß

Ihre Lösungen könnten zum Beispiel so aussehen:

A	Algier	**M**	Madrid
B	Bangkok	**N**	Nairobi
C	Chicago	**O**	Ottawa
D	Delhi	**P**	Peking

E	El Salvador	**Q**	Quito
F	Florenz	**R**	Rom
G	Guatemala	**S**	Seoul
H	Hongkong	**T**	Tunis
I	Istanbul	**U**	Ulan Bator
J	Johannesburg	**V**	Venedig
K	Katmandu	**W**	Wien
L	Lima	**Z**	Zürich

68 Die Verkleidung des du

Nur zur Anregung:

Dusche, Dudelsack, Geduld, dunkel, dumpf, dumm, Dualismus, Durchschnitt, Duo, Dur, Dusel, Industrie, Dumping, graduell, erdumspannend

69 Wie gut ist Ihr Gedächtnis?

Wenn Sie alle Fragen beantworten können, sind Sie schon ganz gut! Oder Sind Sie der Herr/die Frau der Schwarzen Löcher?

1) Bei wem findet das Neujahrsessen statt?

2) Wen sollen Sie anrufen? Wie lautet die Nummer?

3) Wann hat Alexander Sie angerufen?

4) Welche Speisen beinhaltet das Neujahrsessen?

5) Wer wird alles kommen?

6) Wo wohnt die Gastgeberin? Welche Telefonnummer hat sie?

7) Wer wird nicht zum Essen kommen?

8) Bis wann sollen Sie spätestens zum Essen erscheinen?

9) Wer ist an Thomas interessiert?

71 Die Ordnungsliebe Ihres Sohnes

Ihr Sohn ist sauer und beschwert sich bei Ihnen. Da war doch tatsächlich jemand in seiner Abwesenheit in seinem Zimmer und hat alles durcheinandergebracht! Einige Sachen findet er gar nicht mehr!!

Nun sind Sie gefragt. Was wurde verändert?

1. 2.

3.

Was fehlt?

1. 2.

3.

74 Vergessen Sie Ihren Einkaufszettel!

Was sollten Sie noch gleich mitbringen?

1. ______ 4. ______

2. ______ 5. ______

3. ______

Falls Sie etwas vergessen haben sollten:

Vielleicht haben Sie sich Ihre Geschichte nicht deutlich genug vor Augen gehalten, oder aber sie war nicht einprägsam genug. Probieren Sie's noch einmal mit dieser Version: Sie säbeln sich mit der Nagelfeile eine Scheibe Brot ab, beschmieren sie dick mit Schuhcreme und garnieren das Ganze mit einigen Salatblättern. Naja, appetitlich riecht das ja nicht gerade! Das könnten Sie höchstens noch Ihrem Hund anbieten. Doch dessen Nase ist noch empfindlicher. Empört schaut er Sie an und deutet winselnd auf die Dose Hundefutter im Regal.

Wenn es mit dieser Geschichte klappen sollte, haben Sie wieder etwas gelernt: Ihre Story kann gar nicht - verzeihen Sie den Ausdruck - bescheuert genug sein! Lassen Sie Ihre erstbesten Assoziationen zu; nur dann wird die Geschichte ausreichend einprägsam.

77 Wie war Ihr Name noch gleich?

Diese Fragen können Sie bestimmt beantworten:

Wie heißt die Putzfee?	
Mit wem machen Sie die dicksten Geschäfte zur Zeit?	
Wer macht bei Ihnen die Buchführung?	
Wer ist Ihr neuer Lehrling?	
Wie heißt die Gärtnerin?	

80 Der Zehnerschlüssel

Na, wissen Sie die zehn Symbole noch?

Schreiben Sie sie bitte der Reihenfolge nach auf:

1. ____________________

2. ____________________

3. ____________________

4. ____________________

5. ____________________

6. ____________________

7. ____________________

8. ____________________

9. ____________________

10. ____________________

Und, alle Symbole im Kopf? Falls nein, probieren Sie's ruhig noch einmal, wir werden den Zahlenschlüssel noch oft brauchen!

81 Telefonnummern merken

Na, welche Geschichte ist Ihnen zur Vorwahlnummer eingefallen? Vielleicht eine ähnliche wie diese:

Als Sie an einem See entlangspazieren, begegnet Ihnen ein Ei **(0)**, das Sie mit der Hand **(5)** streicheln. Daraufhin zerbricht die Schale. Ein Schwan **(2)** klettert heraus und springt auf Ihre Hand **(5)**. Vor Freude entzünden Sie eine Kerze **(1)**. Eine Jungfer und ein Mann klatschen dazu Beifall.

82 Persönliche Daten

Zur Kontrolle:

Wann hat Ihr Nachbar Geburtstag, und wie alt wird er?	
Wann feiert Ihre Freundin Ihr Wiegenfest?	
Nehmen wir an, Sie möchten sie mit reizender Wäsche überraschen, welche Größe kaufen Sie?	
Wann ist der erste Schultag Ihres Patenkindes?	

83 Der immerwährende Terminkalender

Wann steigt die Party bei Alex?

Wann lassen Sie Ihr Solarmobil untersuchen?

Wann gehen Sie ins Konzert?

Wann gehen Sie zum Augenarzt?

Wann treffen Sie sich mit Ihrem Chef?

Wann hat Natascha zum Brunch geladen?

Hier nochmal ein Merk-Beispiel für den Augenarzt-Termin:

Sie gehen am Fluß spazieren und sehen etwas Weißes im Wasser. Erst als Sie näher herantreten, können Sie erkennen, daß dort ein Schwan (**2**) schwimmt. Gleich darauf beginnt der Schwan, sich enorm aufzublähen und kreischend gen Ufer zu schwimmen. Was hat er nur? Sie sehen gar nichts und beschließen, sich weiter zu nähern. Endlich sehen Sie den Dreizack (**3**), der aus dem Wasser ragt: Neptun macht Jagd auf den schönen Schwan! Mittlerweile hat der Schwan das rettende Ufer erreicht und flüchtet sich in ein Kleefeld (**4**), wo er völlig verschwindet. Sie jedenfalls können ihn nicht mehr erblicken. Aber das ist ja nichts Neues.

Nach diesem Erlebnis besorgen Sie sich einen Termin beim Augenarzt. Die Adresse haben Sie sich aus den gelben Seiten mit einer riesigen Schere (**9**) ausgeschnitten. In der Praxis werden Sie herzlich begrüßt. Der Arzt zündet feierlich eine Kerze (**1**) an. Dann erhebt er seine rechte Hand (**5**) und fragt: „Wieviel Finger halte ich hoch?"

Na, mit so einer absurden Geschichte muß es einfach klappen, oder?

85 Come si chiama?

86 Das magische Dreieck

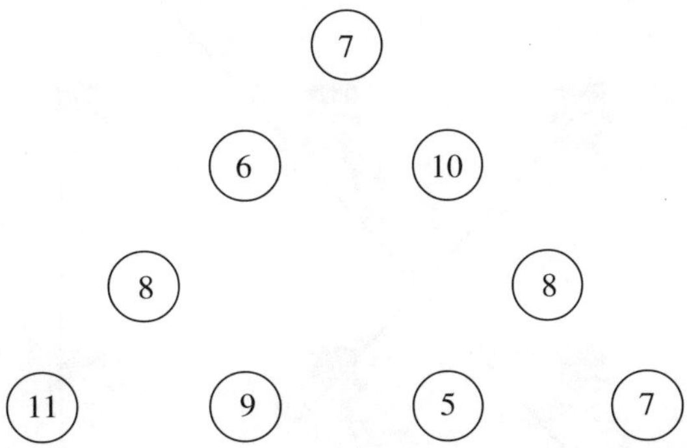

87 Der Seerosenteich

Lassen Sie sich nicht durch die Zahlen und die pseudo-schwere Aufgabenformulierung verwirren! Wenn der Teich am 20. Tag völlig bedeckt ist, war er am 18. Tag (zwei Tage vorher) zur Hälfte bedeckt: also 4,5 qm.

88 Vier Mann in einem Boot?

Nun, so schwer ist das gar nicht; vielleicht üben Sie zunächst mit Gegenständen, die Sie auf dem Tisch herumschieben.

Die Jungs paddeln zusammen rüber auf die andere Seite der Lahn. Einer der Knaben bleibt dort, der andere bringt Ihnen das Boot. Sie steigen ein und setzen über. Der Bub dort fährt das Boot zurück, nimmt seinen Freund mit und setzt ihn bei Ihnen ab. Dann paddelt einer der Jungen zu Ihrer

Freundin und überläßt ihr das Boot. Schließlich sind Sie beide am gewünschten Ufer, und der Junge dort kann seinen Kumpel auf der anderen Seite abholen.

89 Neun auf einen Streich

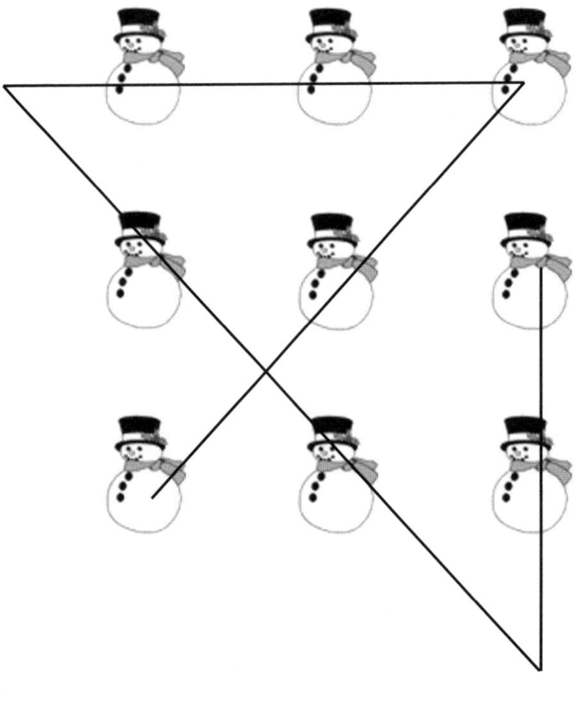

90 Mal weniger und durch

6 : 3 x 5 - 2 - 4 x 2 = 0

91 Bonn - Berlin

Wenn die Züge sich treffen, rauschen sie mit einer Geschwindigkeit von 280 Stundenkilometern (nämlich 160 plus 120 Stundenkilometer) aneinander vorbei. Eine Stunde vorher sind sie also 280 Kilometer voneinander entfernt, egal wo das der Fall sein wird.

92 Auf dem Spielplatz

Ralf > Frank > Bernd > Tom.

93 Großvaters Uhr

Haben Sie als Lösung „60 Sekunden" angenommen? Tja, das ist leider falsch.

Jede Aufgabe hat ihre eigenen Tücken: Manche klingen total kompliziert und sind völlig easy, andere dagegen klingen so leicht und überschaubar, daß man sich fast verschaukelt fühlt und die Aufgabe nicht vollständig durchdenkt.

Überlegen Sie einmal - im Prinzip messen Sie nicht die Schläge der Uhr, sondern die Pausen dazwischen. Wenn die Uhr sechsmal schlägt, befinden sich zwischen den Schlägen nur fünf Pausen, und jede dauert sechs Sekunden (30 Sekunden geteilt durch fünf).

Mittags oder um Mitternacht schlägt die Uhr zwölfmal mit elf Pausen dazwischen. Also rechnen Sie 11 mal 6 gleich 66 Sekunden.

Eigentlich gar nicht so schwer, oder?

94 Dreiecke

In der Figur sind genau 13 Dreiecke enthalten.

95 Kommt ein Vöglein geflogen ...

Diese Aufgabe erscheint nur auf den ersten Blick kompliziert. Im Grunde genommen kommt es nämlich nur darauf an, daß der Vogel fast ohne Unterbrechnung zwei Stunden lang flog (die Radfahrer waren 120 Kilometer voneinander entfernt und heizten ja mit 60 Stundenkilometern - 30 plus 30 - aufeinander zu); und bei einer Fluggeschwindigkeit von 60 Stundenkilometern macht das insgesamt 120 Kilometer.

96 Kleine Wein-Panscherei

Im Wasserglas befindet sich genausoviel Rotwein wie Wasser im Rotweinglas. Wenn Sie das sofort erfaßt haben, gehören Sie zu Leuten, die den logischen Zusammenhang des Experiments schon rein intuitiv erfassen.

Sie sind nicht davon überzeugt? Sie meinen, im Wasserglas müsse mehr Rotwein sein als umgekehrt?

Dann überlegen Sie mal! Wir sind uns einig darüber, daß in beiden Gläsern exakt gleichviel Flüssigkeit enthalten ist, ja? Und die Menge an Rotwein insgesamt ist gleich der Menge an Wasser insgesamt, nicht wahr? Im Wasserglas befindet sich nun eine große Menge an Wasser und eine kleine Menge an Rotwein. Diese kleine Menge Rotwein stammt aus dem Rotweinglas. Doch das Rotweinglas ist nun genauso voll wie vorher. Die fehlende Menge wurde also exakt ersetzt - und zwar mit Wasser. Also ist im Wasserglas genausoviel Rotwein enthalten wie Wasser im Rotweinglas.

Immer noch nicht klar? Dann operieren wir mal mit Zahlen: Jedes Glas faßt 100 ml Flüssigkeit; in unseren Löffel passen genau 10 ml, also 1 cl. Wir entnehmen dem Rotweinglas 10 ml Rotwein und vermischen diesen mit dem Wasser. Dann enthält das Rotweinglas 90 ml Rotwein und das Wasserglas 100 ml Wasser plus 10 ml Rotwein, also ein Gemenge im Verhältnis 10:1. Ein Löffel dieser Mischung besteht somit aus zehn Elftel cl Wasser und einem Elftel cl Rotwein. Zurück bleiben im Wasserglas folglich zehn Elftel cl Rotwein. Kippen wir den Inhalt des Löffels in das Rotweinglas, befinden sich dort somit zehn Elftel cl Wasser.

97 Muscheln im Sand

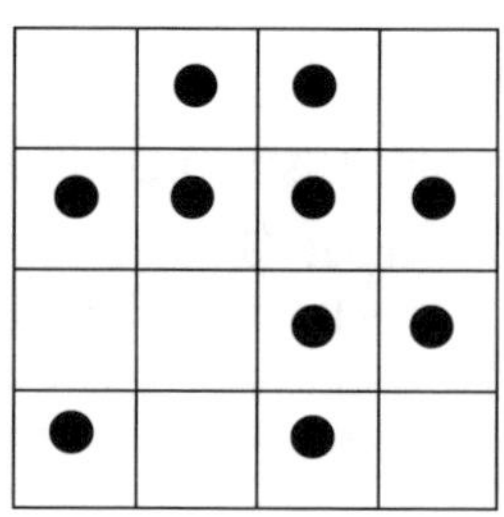

98 Verschiebung

Ihre Lösung könnte beispielsweise so aussehen:

VI + IV = X

V + IV = IX

99 Es fehlt was

Das ist die richtige Lösung:

100 Hundert und neun

Die Lösung: $99 + \frac{99}{99}$

101 An der Reihe

2, 4, 5, 10, 8,	16
256, 64, 16, 4,	1
2, 3, 5, 7, 11,	13 (Primzahlen)

102 Eine Frage der Socken

Sie müssen drei Socken herausnehmen, um zwei gleichfarbige zu haben.

103 Verrücktes Rechnen

Hier die Ergebnisse:

9	x	2	=	11	9	+	3	=	3
14	+	7	=	2	8	x	9	=	17
7	:	3	=	4	27	+	9	=	3
6	-	4	=	24	6	-	2	=	12
19	:	7	=	12	20	:	11	=	9
12	+	3	=	4	15	+	5	=	3
8	x	7	=	15	16	x	7	=	23
17	:	9	=	8	4	:	3	=	1
4	-	5	=	20	5	-	7	=	35
15	:	3	=	12	3	-	6	=	18

104 Haken schlagen

Tag	Anzahl der Durchgänge	Zeit

105 Bleiwüste

Na, haben Sie die Qualen und Gefahren der Bleiwüste gut überstanden? Wie oft kommt das „b“ vor? Wir sind auf 22 gekommen.

106 Tutti Frutti

Dieser Obstsalat besteht aus jeweils 8 Früchten (und aus einem fast aufgegessenen Apfel ...).

107 Kopfrechnen

7 5 1 5 4 2 6 3 2 4 7 1 9 1 9 6 4 6 1 6 8 2 1 7 3 5 3 7 2

109 Vom BON zum HUT

DANN wird zu HERR.

110 Spiegel-Linien 1

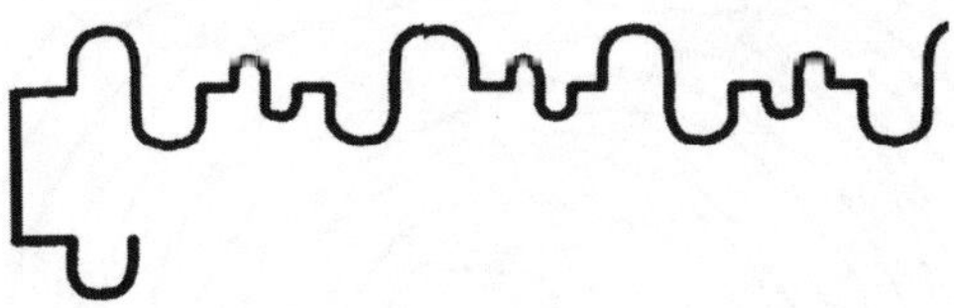

112 Die kleinen Zeichen

Ihre Lösung: a) 34 b) 27 c) 19 d) 8

113 Ansichten und Einsichten

Es gibt einige Dinge,
die so ernst sind,
daß man über sie lachen muß. *Niels Bohr*

Das Unbegreifbarste an der Welt ist,
daß sie begreifbar ist. *Albert Einstein*

Jeder will die Menschheit ändern,
aber keiner will sich selbst ändern. *Leo Tolstoi*

115 Die Koralleninsel

116 Quersumme

9834526785	=	57	7392763854	=	54
6492535785	=	54	4564879536	=	57
3726387947	=	56	9432896795	=	62
3859749269	=	62	9457673827	=	58
8235493867	=	55	4692793583	=	56
2927485326	=	48	6594825374	=	53

117 Spiegel-Linien 2

Abhängig von Ihrem zeichnerischen Talent müßte Ihre Lösung etwa so aussehen (Sie sehen schon, auch uns gelingt das spiegelbildliche Zeichnen nicht ganz hundertprozentig ...):

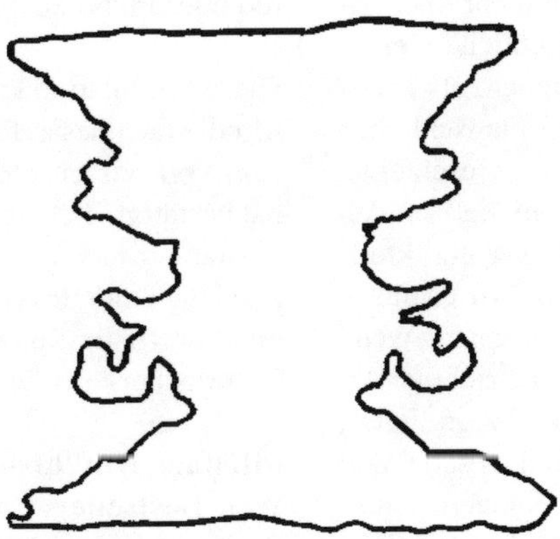

119 Wirrwarr

Die Lösungspaare lauten: D1, A2, B3, E4 und C5.